A BARATA EMOCIONAL

Reflexões Sem Compromisso

Editora Appris Ltda.
1.ª Edição - Copyright© 2020 dos autores
Direitos de Edição Reservados à Editora Appris Ltda.

Nenhuma parte desta obra poderá ser utilizada indevidamente, sem estar de acordo com a Lei nº 9.610/98. Se incorreções forem encontradas, serão de exclusiva responsabilidade de seus organizadores. Foi realizado o Depósito Legal na Fundação Biblioteca Nacional, de acordo com as Leis nos 10.994, de 14/12/2004, e 12.192, de 14/01/2010.

Catalogação na Fonte
Elaborado por: Josefina A. S. Guedes
Bibliotecária CRB 9/870

F224b
2020
	Faria, José Henrique de
	   A barata emocional: reflexões sem compromisso /
	José Henrique de Faria. - 1. ed. – Curitiba: Appris, 2020.
	   147 p. ; 21 cm. – (Artêra).
	
	   Inclui bibliografias
	   ISBN 978-85-473-4384-2
	
	   1. Ficção brasileira. I. Título. II. Série.
	
	                                                              CDD – 869.3

Appris editora

Editora e Livraria Appris Ltda.
Av. Manoel Ribas, 2265 – Mercês
Curitiba/PR – CEP: 80810-002
Tel. (41) 3156 - 4731
www.editoraappris.com.br

Printed in Brazil
Impresso no Brasil

José Henrique de Faria

A BARATA EMOCIONAL

Reflexões Sem Compromisso

FICHA TÉCNICA

EDITORIAL	Augusto V. de A. Coelho
	Marli Caetano
	Sara C. de Andrade Coelho
COMITÊ EDITORIAL	Andréa Barbosa Gouveia (UFPR)
	Jacques de Lima Ferreira (UP)
	Marilda Aparecida Behrens (PUCPR)
	Ana El Achkar (UNIVERSO/RJ)
	Conrado Moreira Mendes (PUC-MG)
	Eliete Correia dos Santos (UEPB)
	Fabiano Santos (UERJ/IESP)
	Francinete Fernandes de Sousa (UEPB)
	Francisco Carlos Duarte (PUCPR)
	Francisco de Assis (Fiam-Faam, SP, Brasil)
	Juliana Reichert Assunção Tonelli (UEL)
	Maria Aparecida Barbosa (USP)
	Maria Helena Zamora (PUC-Rio)
	Maria Margarida de Andrade (Umack)
	Roque Ismael da Costa Güllich (UFFS)
	Toni Reis (UFPR)
	Valdomiro de Oliveira (UFPR)
	Valério Brusamolin (IFPR)
ASSESSORIA EDITORIAL	Lucas Casarini
REVISÃO	Isabela do Vale Poncio
PRODUÇÃO EDITORIAL	Giuliano Ferraz
DIAGRAMAÇÃO	Daniela Baumguertner
CAPA	Eneo Lage
COMUNICAÇÃO	Carlos Eduardo Pereira
	Débora Nazário
	Kananda Ferreira
	Karla Pipolo Olegário
LIVRARIAS E EVENTOS	Estevão Misael
GERÊNCIA DE FINANÇAS	Selma Maria Fernandes do Valle
COORDENADORA COMERCIAL	Silvana Vicente

Dedico este livro a todas e todos que fizeram e fazem parte da minha vida.

SUMÁRIO

A BARATA EMOCIONAL 9
A BARATA EMOCIONAL: A SOLUÇÃO CIENTÍFICA 13
O GALHO DE ARRUDA 17
OS BASTIDORES 19
UMA SIMPLES MENSAGEM 23
O AMOR E A ECONOMIA CLÁSSICA 27
TU NÃO ERAS DO MUNDO 31
O GUARDA-SOL 35
COM QUANTOS PAUS SE FAZ UMA CANOA? 37
MISTÉRIO DA VIDA A DOIS 39
A TORTURA DAS ETIQUETAS 41
UM CRIME PERFEITO 43
A CIDADE DA INVISIBILIDADE 47
HÁ MOVIMENTO NO SER 49
FOGO NA GARAGEM 51
E ASSIM MORREU O PATO 53
O DESTRUIDOR DE TERNO 57
PINHEIRINHO ENFEITADO 59
TOMA LÁ, DÁ CÁ 61
EDIVALDO 63
POIS É! 67
AMOR: ESTE SUJEITO ESTRANHO 69
A LÓGICA DA PADARIA 71
VIAGENS DA CONSCIÊNCIA 73
O CARNAVAL 77

A JUSTIÇA 79
O "MESMO" E O "OUTRO" 81
A IDEALIZAÇÃO DO OUTRO 85
CARÊNCIA AFETIVA: A LIBIDO 91
DE QUE É FEITA A VIDA? 93
O AUTOBOICOTE 97
MEFISTO 103
A VEZ DOS DRAMATURGOS 105
A DIVINA COMÉDIA 107
SOBRE A MENTIRA E A DOR 111
O DESAFIO DE EXISTIR 113
NEM TUDO É O QUE PARECE: CENAS CURITIBANAS 115
COMO A VIDA 117
QUANTO MAIS, PRINCIPALMENTE! 119
UTILIUS TARDE QUAM NUNCAM 121
O PÁSSARO E O BOLERO 123
É COMO É 127
A TOCHA 129
FANTASMAS OBSCURANTISTAS 131
TORRESMO DE BARRIGA 133
A IDOLATRIA 135
PRINCIPADO 137
OS SETE PECADOS CAPITAIS DA ACADEMIA 139
ANDARILHO 141
PIRATAS DO CARIBE 143
JOGO DE FRASES 145

A BARATA EMOCIONAL

No início, era uma baratinha minúscula, não mais do que 0,5 cm. Poderia ter sido eliminada com uma simples e certeira chinelada. Mas não. O sujeito foi alimentando-a, deixando o lixo e as sobras dos sentimentos na pia, de forma descuidada e sem higiene. A barata emocional se pôs a crescer e, de repente, já estava com asas, com uma couraça dura e insensível ao chinelo. Esperta, a barata emocional escondia-se nos cantos mais inacessíveis, só saía à noite, com suas antenas atentas e sempre prontas para acionar sua atitude de se esconder novamente assim que a luz acendia. Ainda que desejasse matá-la, o sujeito continuou a fornecer a ela o alimento necessário ao seu desenvolvimento. A barata emocional crescia a olhos vistos, embora os olhos do sujeito não a vissem.

Daí que chegou um dia em que a barata emocional, já como uma atleta internacional do UFC, devorou o Rottweiler amoroso que protegia o sujeito sem qualquer esforço, em um rápido e infalível pulo. Confiante em seu desempenho, a barata emocional voava livremente pela casa em qualquer hora do dia, não mais se escondia em buracos e frestas, recusava os restos de sentimentos, exigindo alimento aprovado pela saúde emocional, já que era uma barata exatamente emocional. Ousada, aprendeu a falar e a racionalizar com extrema competência, tornou-se oportunista e ameaçava importunar a vizinhança com seu exemplo bem-sucedido de frieza, conhecido como sangue de barata.

Convencida a duras penas pelo sujeito, a barata emocional abdicou, em um primeiro momento, de passeios externos pela vizinhança, mas passou a ocupar o sofá, assistindo noticiários, novelas e filmes e, para desespero do sujeito, também o BBB, The Voice e, aos domingos, o Faustão. No futebol, torcia sempre pelo time adversário e não poupava ironias e sarcasmos. O que era insuportável ficou ainda pior.

A barata emocional, então, mudou de ideia quanto à sua reclusão residencial e decidiu que iria acompanhar o sujeito em seu trabalho, interferindo em seu desempenho, nas relações entre seus colegas, com especial destaque para as colegas com as quais o sujeito demonstrava algum interesse precisamente emocional. Casca dura, patas cheias de espinhos, a barata emocional tomava conta do sujeito que, insistentemente, alimentava-a com suas frustrações.

Com a oferta de alimento à base de afeto, com abrigo no coração e se aproveitando das frestas nas paredes e forros do amor, bem como dos objetos do desejo, empilhados nos quintais da existência do sujeito, para se abrigar, a barata emocional, em sua tarefa sinantrópica, estava à vontade para transmitir doenças afetivas, inutilizar e destruir alimentos da alma e sujar a residência dos sentimentos.

Quanto mais o sujeito se deprimia, mais a barata emocional crescia. Sendo onívora, comia de tudo, dos doces do carinho à gordura sexual. O sujeito até tentou deixar de alimentá-la, mas a barata emocional podia ficar uma semana sem beber da água de seus sentimentos e até um mês sem comer um pingo sequer de amor. Tentou congelá-la, mas ela trazia consigo o arquétipo de sua vida na era do gelo. Tentou inseticida, mas a barata emocional mostrou o porquê havia sobrevivido às hecatombes planetárias há milhões de anos. Mais que isso, sua esperteza subjetiva lhe permitia perceber o perigo do amor por meio de mudanças na respiração do sujeito; além do que, seus pequenos pelos nas costas funcionavam como sensores eficazes, informando a hora de correr do chinelo afetivo para voltar a atacar, aproveitando-se dos momentos de fraqueza do sujeito.

O crescimento da barata emocional foi vertiginoso. É certo que demorou um pouco para ocupar o quarto de hóspedes, mas depois disso rapidamente expulsou o sujeito de seu próprio quarto e apropriou-se dele, dormindo em sua cama de casal, usando seu banheiro, suas toalhas e seus perfumes. Confiante, a barata emocional já se sentia preparada para ocupar também o lugar do sujeito em seu trabalho, o que só não aconteceu porque ela não tinha CPF. Mas ela o acompanhava nos *happy hours*, nos jantares e festinhas e, enfim, nas baladas, nas quais não só não dançava com ninguém como não permitia que o sujeito o fizesse.

Enquanto o sujeito dormia, a barata emocional entrava em seu Facebook postando mensagens patéticas, bloqueando amigos, compartilhando sites escusos, fazendo amizades suspeitas e publicando fotos comprometedoras. Invadia seu e-mail e respondia a todos os amigos com uma extraordinária condição fleumática.

Mas um dia isso tinha que acabar. Depois de extensas pesquisas na internet o sujeito finalmente descobriu como dar um fim na barata emocional. Pela manhã, bem cedinho, colocou na cozinha, em ordem, um punhado de sal de fossa, um copo de cachaça a base de melancolia, um palito de abandono e uma pedra de frustração. Sua expectativa era a de que a barata emocional comesse o sal pensando que era açúcar, tomasse a cachaça pensando que era água, tropeçasse bêbada no palito e batesse a cabeça na pedra morrendo de concussão cerebral. Uma armadilha de garantia infalível.

À tarde, foi conferir os resultados de sua estratégia. E, na cozinha, encontrou a barata emocional fazendo um churrasco com seu coração temperado com o sal, alegre e feliz com a batida de limão que fez com a cachaça, palitando os dentes desdenhosamente e colocando a pedra em um estilingue, com o que acertou sua cabeça confusa, fazendo-o tombar exausto e inerte.

O que o sujeito jamais entendeu é que toda barata emocional tem que ser eliminada assim que nasce, sem piedade, e para ter certeza e garantia de sua aniquilação, melhor ainda é destruir seu ninho.

A BARATA EMOCIONAL: A SOLUÇÃO CIENTÍFICA

Depois de o sujeito ter se debatido horrores para dar um fim à sua barata emocional, eis que a ciência finalmente encontrou uma solução. Trata-se de um medicamento para acabar com a paixão e para apagar os sentimentos provocados pela barata emocional. O sujeito nem quis acreditar que havia uma solução para seu problema. Pior, uma solução bem mais fácil do que a armadilha que ele havia desenvolvido. Mas deixemos que ele mesmo nos conte.

Um dia eu estava que não me aguentava mais. Aquela barata emocional me azucrinava a vida de um jeito que eu até pensei em me mudar para a Ilha das Cobras. Melhor uma ilha de cobras do que uma barata emocional. Eu pensei: e se existisse uma pílula, que eu pudesse comprar na farmácia da esquina para acabar com esta barata! Cheguei ao escritório e conversei com um amigo meu do trabalho. Ele me disse: sei de um consultor emocional que pode ajudar você. Consultor emocional. Barata emocional. Na dúvida, peguei o número do celular dele e liguei. Marquei uma consulta. Fui lá. Tinha que achar uma solução. Ele me recebeu cheio de alegria, o que parecia ser um contrassenso porque, afinal, alegria é tudo o que a barata emocional não admite. Mas era isso mesmo. Ele me explicou o motivo de sua alegria: os cientistas estavam desenvolvendo um antídoto para a barata emocional.

Uma das pesquisas estava sendo desenvolvida na Universidade de Oxford, na Inglaterra. Eles propunham encerrar as atividades da barata emocional da mesma maneira que se trata de uma gripe ou uma gastrite. A pesquisa chamava-se "biotecnologia antibarata emocional". Segundo estes pesquisadores, existe a barata emocional platônica, a shakespeariana, a balzaquiana, a boccacciana e assim por diante. Mas existe a barata emocional da ciência e esta não tem lugar para romantismo, frustração, conflito, desacerto, desentendimento, dor. Essa barata é produto de respostas fisiológicas desencadeadas no cérebro a partir de um estímulo e é possível interferir nas etapas de desenvolvimento da barata emocional com a finalidade de interrompê-las. Tudo em nome da neurociência, porque essa barata emocional emerge da química cerebral e tem cura, quer dizer, podemos matá-la com uma chinelada científica. E eu que perdi meu tempo tentando com meu chinelo havaianas!

Eu nem podia acreditar no que o consultor me dizia. Era bom demais para ser verdade. Ele então me explicou que a barata emocional tem três fases: a da luxúria, caracterizada pelo desejo sexual, pela libido, pela paixão; a da atração, caracterizada pelo afeto e pela fidelidade; a do vínculo, caracterizada pelo sentimento de longo prazo, sem paixão ou desejo, mas marcado pela segurança e pela proteção. E eu que achava que a terceira fase era exatamente a da barata emocional! Não sei se entendi direito, mas as duas primeiras fases formam o sistema de recompensa que é ativado pelo prazer, o qual libera a dopamina. Quando ele me disse que este sistema é o mesmo que é acionado nos casos de dependência às drogas eu entendi o que acontecia comigo: eu estava dependente desta droga de barata emocional. E o pior é que esta dependência, segundo a teoria da adição, transforma-se em vício. Então eu me perguntei: estou viciado na barata emocional?

Daí o consultor me mostrou uma revista científica, chamada The American Journal of Bioethics, *que listava os remédios a serem usados para interromper a ação da barata emocional. Remédios que reequilibram a serotonina, interferem na liberação da dopamina, têm efeitos sobre a queda da libido, impedem a ação da testosterona diminuindo o desejo, entre outros efeitos cujos nomes nem me lembro. A coisa toda continuou de forma cada vez mais racional segundo a neurofisiologia da barata emocional: existe uma molécula que ajuda a manter a relação por longo prazo e que pode ser bloqueada evitando que se construam laços emocionais, de forma que quando alguém é deixado, a barata emocional também vai embora; a tecnologia da antibarata emocional permite manipular a memória apagando as lembranças deixadas exatamente pela barata emocional. Imagine só a gente poder apagar a memória da barata emocional!*

E mais, imagine a gente sentindo-se atraído por alguém, quer dizer, por uma nova barata emocional, e tomar uma pílula que faça desaparecer a atração e, assim, evitar esta barata nova!

Pensei cá comigo. Tomo esta pílula e não fico mais com insônia e tensão, não me preocupo mais com a minha barata emocional, passo o dia sem pensar nessa minha barata, não discuto mais, não sinto mais nada... não sinto mais nada... não sinto mais nada...

Que pílula, que nada! Eu amo minha barata emocional! Sou viciado nela!

Depois deste depoimento tive que concordar com aquele sujeito. Sem dopamina, sem testosterona, sem serotonina, sem libido, sem desejo, sem excitação, sem vínculo afetivo? Assim também não dá! Fui para casa. Lá, encontrei minha nova barata emocional dormindo em seu ninho. Ela tinha ainda 0,5 cm. Lembrei que eu também tinha minha havaiana. Ou eu a liquido com uma chinelada destas de praia ou eu vou ter que usar, no futuro, um chinelo científico. Oh, dúvida! Hesitei e a barata emocional, com aqueles seus sensores de perigo, mais do que ligeira se escondeu na fresta da cozinha. Sei que tenho que encontrá-la, mas em a encontrando, o que farei com ela? Decida você. Afinal, essa barata emocional também lhe pertence.

O GALHO DE ARRUDA

Carlos e eu, adolescentes, éramos muito amigos. Passávamos horas e horas conversando sobre o que achávamos que entendíamos. Morávamos na Sete de Setembro, entre as Ruas Alferes Poli e Westphalen. Éramos (e somos) athleticanos (na nova grafia), e isso era um fator importante para nossa amizade.

Íamos caminhando a todos os jogos na Baixada, fizesse sol ou chuva. Carlos colocava um galho de arruda na orelha e eu levava um radinho Mitsubishi, sem sequer imaginar que essa seria uma marca de veículos automotivos. O dinheiro era curto e tínhamos que escolher entre pagar o ingresso ou comer um pão com bife no quiosque atrás do gol dos fundos. A entrada do Estádio era na Rua Buenos Aires. Então, seguíamos pela Avenida Getúlio Vargas, atravessávamos o riozinho e tentávamos pular a cerca de madeira pintada de cal branca. Subíamos a cerca e esperávamos o vigia se afastar. O vigia fingia que não nos via e dava as costas. Outros tempos. Pulávamos a cerca exatamente atrás dos vestiários e seguíamos para a arquibancada do gol dos fundos. Na arquibancada principal, para sócios, havia uma frase "uma vez Atlético sempre Atlético". Frase pouco criativa, pois esses dizeres eram parte do hino do Flamengo. Mas para nós era uma frase apenas nossa.

O jogo começava e a gente acompanhava simultaneamente a narração na antiga Rádio Marumby, ou "Marumba querida" como o locutor esportivo Rinoldo Cunha costumava identificar a Rádio Marumby de Curitiba. Rinoldo narrava e, se não estou equivocado, Raul Mazza comentava. Ambos Atleticanos doentes.

Quando o Atlético atacava no primeiro tempo para o gol dos fundos, onde Carlos e eu estávamos, podíamos acompanhar a narração de Rinoldo Cunha em tempo real. Assim, se a bola arremessada ao gol passava distante da meta, Rinoldo narrava "rrrrrraaaaspa a trave". Se a bola entrava Rinoldo berrava "gooooooooollll" até onde o fôlego aguentava. E ele tinha fôlego.

Terminava o primeiro tempo, Carlos e eu íamos comer pão com bife no quiosque, isso quando conseguíamos pular a cerca. Quando não, ficávamos sentados na arquibancada de tijolos esperando o reinício do jogo.

Segundo tempo, Carlos e eu torcíamos para que o adversário não chegasse perto do nosso gol. A bola adversária triscava a trave para nosso desespero e Rinoldo berrava "looooonge da meta". Se fosse gol, Rinoldo narrava "gol", sem qualquer esforço, em uma espécie de frustração que todos os atleticanos sentiam. Éramos, de alguma forma, uma comunidade athleticana. Essa identidade tão inexplicável quanto apaixonada, que não só resiste ao tempo quanto a amplia e fortalece.

Jogo encerrado, Carlos e eu voltávamos para casa comentando o jogo como se fôssemos o Raul Mazza. Quando o Athlético vencia, era por obra do fedido galho de arruda. Quando perdia, não se falava do assunto. Na semana seguinte íamos nós de novo ao jogo, colocando fé no mágico galho de arruda. O ser-torcedor é um sujeito que nega a racionalidade enquanto torcedor.

Carlos mudou-se para Campinas. Eu fui morar em várias cidades antes de retornar a Curitiba. Nunca mais nos encontramos. Mas o cheiro do galho de arruda ainda habita minhas lembranças de um tempo encantado, em que a realidade ainda não era criticamente elaborada.

OS BASTIDORES

É irrelevante protagonizar este espetáculo. Poucos parecem interessados em conhecer como funcionam os escaninhos do poder, seus sentidos ou sua aparente falta de sentido. Também não vou perder meu tempo insistindo nesta encenação, cujo texto complexo está longe do entendimento da plateia que cada vez mais diminui. Não sei se o preço do ingresso neste mundo subterrâneo está ficando inacessível ao comum dos mortais ou se o cheiro de podre é tão insuportável que poucos se aventuram na exploração deste esgoto.

Também, quem se importa com isso? Se pelo menos eu tivesse tido a condição de deixar tudo às claras! Mas, não. Fracassei. Admito. Não que eu não tivesse tido vontade, coragem e iniciativa, não é isso. Mas, acontece que aqueles que vivem no esgoto conhecem bem os seus caminhos e quem está fora acaba deduzindo tudo dos sons emitidos, das sombras, do cheiro. Um mito das cavernas ao inverso. É na escuridão que se pode encontrar esta prática concreta do poder do submundo, e não na luz do dia. Não são apenas os fantasmas que temem a luz. Os sujeitos de mau caráter também.

Cada vez que alguém pretende colocar o dedo nessa ferida humana, da traição, da inveja, da falta de caráter ou de sua deformação, da corrupção política, enfim, desta rede que se regozija de suas relações, todas as portas se fecham, todas as janelas se trancam e todos os gatos são pardos. Imagine se aqueles que se beneficiam da podridão vão estar dispostos a denunciá-la! Ou, mesmo, dar guarida às vozes dissonantes!

Não é verdade que isso me cause surpresa. Posso não ser um grande leitor da realidade, especialmente daquela de natureza subjetiva, mas também não me encontro na categoria dos ingênuos e ignorantes. Mas o fato é que embora não me cause surpresa, essas tramoias conseguem me dar nojo e uma vontade imensa de lançar sobre elas uma espécie de detergente ético. Nada de moralismos, que já nem temos tempo para tanto nessa corrida maluca do tempo contra si mesmo e que nos leva de roldão. Isto é coisa de igrejas. Tudo está dentro de si, inclusive a capacidade de mudar, e não serão valores professados pelos guardiões da moral e dos bons costumes que irão intervir neste espetáculo deprimente. Ah, as contradições! Não fossem elas e já se teriam solidificado todos os excrementos dos homens de boa vontade ou de boa aparência.

Você deve estar se perguntando por que digo essas coisas justamente agora que tocou a primeira campainha anunciando o início do espetáculo neste teatro da vida. Mas que fazer? Talvez seja exatamente agora, em que estou concentrado em meu texto, que me vem à mente o meu contexto. Sabe de uma coisa, às vezes tenho vontade de fugir do texto e falar aquilo que o autor não disse. Já pensou? Seria muito divertido. Fico rindo comigo mesmo imaginando a cena.

Poderia dizer "olhe! Lá vem o almofadinha, o mauricinho de plantão. Agora que ganhou a gerência da organização para poder brincar de reizinho, não faz outra coisa. Um dia, os pais dele, seus tios e avós, devem ter dito que ele era o máximo, o mais inteligente, o mais bonitinho. E ele acreditou!" Atingiria em cheio este espectador, pois ele costuma sentar-se na primeira fila, faz cara de quem entende tudo e de quem sabe mais que todos. Ele coleciona fotografias, segundo me disseram. Em sua mesa de trabalho dizem que tem fotografias com autoridades, ídolos do passado, artistas e tudo o que for interessante para sua promoção pessoal. Seu ego não cabe na sala. Já pensou se eu o representasse em cena? Não creio que ele entenderia. Ele só entende o que lhe interessa. Na certa acharia que não poderia ser ele, mas outro, pois o sujeito que não se reconhece tende a livrar-se daquela parte de si, da qual, no fundo, se envergonha, mas que usa e abusa.

Pense na cena. A cortina se abre. O cenário vai se iluminando aos poucos. A sonoplastia entra com um som de aplausos frenéticos.

O almofadinha está na primeira fila vestido de César, cercado dos bajuladores de sempre, olhando seu fiel escudeiro Sancho Pança. Eu, do palco, diria: "até tu Brutus!" Claro, sei que César não é Nero, que os castelos não são moinhos, mas o que importa? O almofadinha quer ser maior que o espetáculo, e o personagem ou a fala são de importância rasteira. Imagino-o pensando: "Brutus, por que tu me traíste?" Sim, porque o único que pode trair em sua história é ele mesmo. E ele trairia duas vezes. Primeiro quando trairia e segundo quando traiu, pois a traição seria exclusiva do que ele se considera: um imperador.

Porém, Brutus, que é useiro e vezeiro em traições, entraria em cena de terno e gravata, porque estava chegando de uma reunião de governo que acontece todas as semanas no palácio. Ambos se olhariam: o personagem Brutos e o espectador almofadinha. Só um estúpido não perceberia o quanto César, o almofadinha, desejava livrar-se de Brutus, o personagem. Fazia parte da cena esta coisa meio sentimental na qual César declararia a Brutus o quanto ficou decepcionado. Então, ambos desceriam sorrateiramente aos bueiros que ficam por debaixo do palco e lá combinariam que Brutus apoiaria César em suas pretensões políticas, de tal sorte que um dia poderia sobrar algo para Brutus, como, por exemplo, colocar o fogo de Nero na organização com a qual César está a brincar no momento. Ambos se abraçariam, mas fariam figas às escondidas. Eles se merecem: espectador e personagem.

Ah, você não gostou desta cena. É muito banal? Mas não é exatamente dessas banalidades que se faz a vida? Então você acha que a cena não tem nenhuma graça, não tem nenhuma originalidade, não causa nenhuma surpresa, enfim, não diz nada que todo mundo já não saiba? Talvez meu destino seja mesmo interpretar mais do que criar.

UMA SIMPLES MENSAGEM

A primeira claridade se fazia no horizonte antes mesmo de lá despertar o Sol, quando cheguei à beira do mar. A areia fria em que meus pés pisavam estavam úmidas de águas que iam e vinham em ritmos de ordem desordenada. Gaivotas até então adormecidas vigiavam o movimento de peixes distraídos procurando pela refeição matinal. Pequenos siris de areia deslizavam rapidamente retirando de suas tocas o que era excesso e retornando ligeiros a elas assim que eu me aproximava o bastante para ser percebido.

Ondas quebrando na praia faziam o único som além das gaivotas, até que motores de popas de canoas de pescadores começaram soar anunciando o partir para a pescaria. Alguém passou de bicicleta na rua e logo em seguida vinha uma mulher que meio que corria e andava de uma maneira ritmada esquisita. A água gelada dos mares do sul subiu pelas minhas pernas causando certo desconforto. Galhos, folhas mortas e pedaços de madeira jaziam inertes na areia indicando que o mar ali depositara aquilo que encontrara vagando, vindo de algumas ilhas próximas. Junto a estes entulhos da natureza me deparei com uma garrafa de vidro, um tanto inclinada, como se pedindo para ser encontrada. Fui até ela, curioso e sem muitas expectativas, mas pensando, quem sabe, em românticas mensagens deixadas por algum desconhecido.

Para minha surpresa, a garrafa, tampada por uma rolha e tendo nela incrustada pequenas conchas e algas, agarradas como se há tempos lá estivessem, trazia um pedaço de papel enrolado em forma cilíndrica em que se podia ver algo escrito. Apanhei a garrafa e por muitos minutos resisti em destampá-la. Não era, por certo, uma mensagem a mim dirigida e me senti como se estivesse a ponto de invadir uma correspondência alheia, penetrando na intimidade que não me pertencia. Mas podia ser uma mensagem de socorro e achei que igualmente não tinha o direito de ignorar tal pedido. Vacilei entre um juízo moralista e uma questão humanitária. Mas também poderia ser uma simples brincadeira e eu seria apenas um imbecil cheio de imaginação caindo na armadilha de um desocupado qualquer.

O Sol já se erguia sobre o mar e ao barulho deste e das gaivotas somavam-se os dos motores de alguns veículos e das vozes de transeuntes em suas caminhadas. Decidi levar a garrafa, ainda fechada, para casa. Lá chegando, coloquei-a sob a luz de uma lâmpada na tentativa de adivinhar seu conteúdo. Percebi que se tratava de um papel amarelado, no qual estava uma mensagem escrita com uma caneta de tinta preta ou algo assim. Decidi abrir a garrafa. De dentro dela, depois de algumas manobras, retirei o papel, que me pareceu frágil. Desenrolei com cuidado para não o partir. Na mensagem estava escrito:

Mitt navn er Søren. Jeg er en fisker. Jeg er 21 år. Båten i som torsk fiske arbeid. Jeg bor i Vadbenken i Oslo commune i Norge. Jeg fikk aldri et brev i mitt liv. Hvis du finner denne meldingen skrive meg et brev. Det gjør meg glad. Alle vet hvem Søren Vadbenken Fisker. Mai 1897.

Uma incontida emoção tomou conta de mim. Entendi que a mensagem vinha de Oslo, na Noruega e que havia sido postada em maio de 1897. Uma mensagem que viajou pelo Atlântico durante mais de um Século. Consegui traduzir com o auxílio da internet. "Meu nome é Søren. Sou um pescador. Tenho 21 anos. O barco em que trabalho pesca bacalhau. Moro em Vadbenken na cidade de Oslo na Noruega. Nunca recebi nenhuma carta em toda minha vida. Se você encontrar esta mensagem escreva-me uma carta. Isso vai me fazer feliz. Todo mundo sabe quem é o Søren Pescador de Vadbenken. Maio de 1897".

Ao mesmo tempo, abateu sobre mim uma imensa tristeza. Sören não poderia receber minha carta. Provavelmente ninguém, hoje, saberia dizer quem é Sören o Pescador de bacalhau de Vadbenken, se ele teve filhos e se algum dia alguém lhe escreveu uma carta. Sören ficaria feliz com uma carta de alguém que ele sequer conhecia: uma simples carta que talvez nunca tenha recebido. Coloquei a mensagem cuidadosamente na garrafa e a fechei. Ela está sempre à minha vista para lembrar que às vezes basta muito pouco para fazer alguém feliz e que mesmo este pouco pode demorar tanto a chegar que esta pessoa já não está disponível para desfrutar dele. Essa garrafa com a mensagem de Sören me lembra, sempre, o quanto uma simples mensagem pode fazer diferença na vida de alguém. Alguém que foi ou é tão importante na nossa vida e que nós ignoramos como se ela fosse somente uma memória do passado.

O AMOR E A ECONOMIA CLÁSSICA

Como faço com frequência, fui dar uma caminhada matinal. É sempre um misto de exercício e um espairecer lúdico andar pelo bairro, poder sentir a vida em movimento. Pessoas caminhando, outras varrendo a calçada, regando flores, passeando com os cachorros, sentadas em uma cadeira de espreguiçar na varanda da casa, saindo da padaria com aquele pão quentinho que deixa um cheiro de café da manhã, carregando mochilas pesadas da escola, pedalando por diversão ou indo para o trabalho. Ônibus, carros e motos circulam em um frenesi de quem está sempre atrasado. O motoboy arremessa jornais de assinantes nos jardins das casas e edifícios sem muito cuidado. Cães latem desesperados nos portões para quem passa, especialmente se outros cães acompanham os transeuntes. Quase todos os dias tudo parece ser sempre igual. Mas, às vezes, algo especial acontece.

Pois, como ia dizendo, fui dar minha habitual caminhada matinal. Era um sábado e o tempo estava convidativo. Depois de quase uma hora caminhando, parei em uma praça, perto de casa, para relaxar. Nisto, dois homens, na faixa dos 25 a 30 anos, sentaram-se no banco exatamente ao lado de onde eu estava. Notei que falavam muito, como colegas de trabalho trocando opiniões. Não costumo prestar atenção às conversas de quem sequer conheço, mas foi inevitável ouvir sobre o que falavam quando o assunto deixou de ser sobre o trabalho. Não vou, aqui, entrar em detalhes, mas a sabedoria do conteúdo bem merece um resumo. Eis a conversa:

– Cara! Eu faço tudo o que ela quer. Levanto-me cedo, faço o café da manhã com todo o carinho, sempre invento coisas gostosas, arrumo a mesa e vou acordá-la com todo o cuidado. Beijo delicadamente seu rosto e digo, "acorda meu amor". Isso, todos os dias. Você sabe quantas vezes eu digo a ela que eu a amo, por dia? Muitas. Mando mensagens no celular. Deixo bilhetinhos embaixo do travesseiro. Eu a levo para o trabalho e vou buscá-la. Lavo as louças, que é para ela não estragar as unhas. Varro a casa, para que ela não fique respirando a poeira. Coloco as roupas na lavadora, penduro no varal e recolho e só não passo porque não sei. Nos sábados e domingos, quando a gente almoça em casa, faço o almoço. Coloco umas flores na mesa com um bilhete dizendo que eu a amo.

– Como você consegue fazer tudo isto todos os dias?

– Eu me viro. Só agendo visita a meus clientes depois das oito horas da manhã e nunca depois das cinco da tarde, porque eu vou buscá-la no trabalho às seis. Não quero que ela fique esperando, entende?

– Mas nós temos clientes que só podem ver os imóveis que vendemos depois das seis!

– Eu sei. Por isso é que eu passo eles para você atender.

– Entendi. Mas, vocês costumam sair?

– Sim, sempre. Vamos ao cinema uma vez por semana. Às vezes ao teatro. Ela é quem escolhe o que quer ver. Vamos a shows e nas sextas geralmente a gente vai em uma balada. Você sabe que eu não gosto muito deste tal de sertanejo universitário, mas como ela gosta eu não reclamo. Faço tudo o que ela quer.

– Compreendo!

– Quando a gente vai ao shopping, por exemplo, fico reparando no que ela gosta e depois vou até lá e compro um presente. Uma sapatilha, um brinco, um colar, uma pulseira, uma blusa, um perfume. Sempre faço uma surpresa.

– Ela gosta disso?

- Sinto que sim, mas parece que ela acha que tudo o que eu faço é normal, sabe? Cada coisa que eu faço é para dizer a ela o quanto eu a amo, mas percebo que ela não entende dessa forma. Porque a gente fala "eu amo muito você" não apenas dizendo, mas mostrando de outras formas.

– Não estou entendendo direito. Ela gosta, mas não valoriza, é isto?

– Exatamente isto.

– E ela, o que faz para você?

– Ela... ela me faz uns carinhos. Mas eu entendo, ela chega em casa cansada do trabalho. Fazemos um lanche, que às vezes ela prepara. Depois toma um banho. Ficamos no sofá, conversamos e ela acaba dormindo ali mesmo. Eu a coloco na cama.

– Vocês não transam?

– Claro que sim. Nos fins de semana. Porque nos dias de semana ela está cansada e eu não quero forçar nada.

– E hoje?

– Ah! Deixei-a na casa da mãe dela, porque vai ter um aniversário de um afilhado dela e elas estão preparando a festinha.

– Desculpe a franqueza, mas ela me parece uma pessoa muito ensimesmada.

– Como assim, ensimesmada?

– Acho que ela só pensa nela mesma.

– Por que você acha isto?

– Bem, é o que parece.

– Mas tudo o que eu faço não vale nada?

– Vou dizer uma coisa. É como a lei da oferta e da procura. Se você vai na feira e está sobrando tomate, o preço do tomate diminui. Se está faltando tomate, o preço sobe. Você está ofertando muito, quer dizer, está desvalorizando seu produto. A sua oferta é bem maior que a demanda dela. Ela está com um excedente e quanto mais você oferece, menos vai valer.

– Você acha isto?

– Não é o que eu acho. Esta é uma lei. Aprendi isso no meu primeiro ano na faculdade de Economia. Quando a oferta de tomate é maior que a demanda o preço cai. Quando a demanda de tomate é maior que a oferta o preço sobe. Nem precisa ser economista para entender isso. Basta ir à feira que você vê como isto acontece na prática. Você tem que diminuir a oferta, meu caro. Para ela dar valor ao que você faz, você precisa diminuir a oferta. Tem que criar alguma escassez para ela sentir o quanto você vale. Se você desvaloriza a você mesmo, como você acha que ela vai valorizar? Dê menos, bem menos. Ela vai começar a sentir falta e vai dar valor. Tudo o que é raro vale mais do que o que é abundante, entende?

– Entendo. Mas, quando falta tomate e o preço sobe, isto não é o que se chama de inflação?

– Sim. Então, você entendeu! Inflacione. Ponha o preço lá em cima. A solução do seu caso é a inflação.

Levantei do banco e tomei o caminho de casa. No trajeto, passei em um sacolão e, para não perder a oportunidade, comprei uma caixa de tomates pomodoro, que servem para fazer salada e molho. Vai que inflacione.

TU NÃO ERAS DO MUNDO

 Então, fugindo apressado dos Contatos Imediatos de Primeiro Grau, tu pegaste tua bagagem de dejetos e te recolheste aos teus aposentos, sob a proteção de fiéis seguidores. Um chá de folhas de goiabeira te ajudou a repousar na santa ignorância, lugar em que tu te sentes seguro e à vontade. Fugindo dos holofotes que demandam pronunciamentos, assim como dizem que o diabo foge da cruz, tu desapareceste pelos labirintos do planalto central. Nas curvas da estrada, tu ultrapassaste na contramão sem ser multado porque, afinal, não vinha ao caso. Estacionaste em local proibido, sacaste dinheiro alheio no caixa eletrônico, pagaste um sanduíche com notas falsas. Estava confiante na apologia do mito.

 Não eras raiz,
 Não eras do mundo,
 Não eras Luiz,
 Nem eras Raimundo.

 O país se desmilinguindo e aquela atenção à bolsa não sai das manchetes. A faixa tremula ao vento sob os olhares desejosos do segundo. Segundo que globalmente era para ser primeiro, muro e murão das estapafúrdias controvérsias inusitadas. Agulha aqui, antibióticos lá. Segura o batuque meu nobre. Não pode acabar com isso aí porque tu és só um idiota útil.

 Não eras raiz,
 Não eras do mundo,
 Não eras Luiz,
 Nem eras Raimundo.

 Sai dessa facada oncológica meu caro. Vê se te acomoda com o mágico de OZ, não aquele driver, caso queira o Oz, dos depósitos do insurgente que dele se alimenta como se fosse pensão de primogênito. Caminha célere no terceiro grau da hierarquia do oficialato, porque acima de ti há projetos que te excluem. Aproveita, já que nada eras.

Não eras raiz,

Não eras do mundo,

Não eras Luiz,

Nem eras Raimundo.

Colocas tua foto na galeria. É tudo que vai ter neste latifúndio. E diga aos que acreditaram em ti, que há muito mais malignos vermes no lugar em que cresceste. Tu te achas eixo, mas tu és apenas rosca de parafuso. Tu nunca foste nada.

Não eras raiz,

Não eras do mundo,

Não eras Luiz,

Nem eras Raimundo.

O projeto que encarnas não depende de ti e tu serás descartado como um colorido se te tornares um problema, assim como já foi com o caçador de marajás. Não sei se tu sabes (considerando tua ignorância, tenho cá minhas dúvidas), mas o projeto que te sustenta é um projeto de classe e tu nem sequer tens esta relação de pertença. Tu és nada, mas o tudo que representas é uma tragédia que em muito extrapola teu ego mitológico. Então, levantas-te deste nosocômio da teoria da relatividade e assumes teu lugar nesta tragédia da qual és parte. Porque, afinal,

Não eras raiz,

Não eras do mundo,

Não eras Luiz,

Nem eras Raimundo.

Mas tu és tu e tuas circunstâncias. E te queremos no palco para nossa festa, porque apesar de ti "amanhã há de ser outro dia". E não te esqueças da família, do kit, dos trajes ridículos de chinelo, da caneta BIC, dos terninhos azuis e vestidinhos rosas e nem daquele filósofo de araque, que seria mais interessante no Sensacionalista.

O GUARDA-SOL

Na praia meio vazia, tranquilo, estava eu apreciando o mar. Eis que chega um casal, com um carrinho trazendo cadeiras, guarda-sol e sacolas.

O sujeito ajeita as cadeiras. Pega o cabo do guarda-sol e tenta enfiar na areia úmida em movimentos circulares. Não dá certo. A companheira pega a sacola e dela retira uma pequena toalha e um martelo novinho. Sim, um martelo. O sujeito cobre a ponta do cabo e começa a martelar, tentando fazer com que o cabo entrasse na areia úmida. Algumas marteladas depois, o sujeito pega a parte de cima e encaixa no cabo. Depois faz um montinho de areia ao lado do cabo como se estivesse plantando uma árvore. Para completar, deixa a parte côncava do guarda-sol contra o vento.

Sentam-se nas cadeiras. O vento arranca o guarda-sol. O sujeito sai correndo atrás. Retorna e repete a operação com o martelo, o montinho de areia e a parte côncava contra o vento. Não muito tempo depois e o vento arranca novamente o guarda-sol. O sujeito corre atrás, retorna e repete a operação com o martelo, o montinho e a posição do guarda-sol.

Para garantir a eficácia da ação, senta-se ao lado do guarda-sol e passa a segurá-lo para não mais ser arrancado pelo vento.

Veio-me à mente aquelas pesquisas em que o sujeito tenta enfiar a teoria na realidade com um martelo técnico predefinido, mediado por uma toalha epistêmica. Não vai dar certo, mas o sujeito insiste. Primeiro, o sujeito não avalia a realidade inteira (areia úmida e vento) tentando impor a ela um modelo inadequado de inserção e posição. Fica claro que falta um método.

Depois, insiste em colocar o cabo do guarda-sol na areia úmida com um martelo, ao invés de cavar um buraco com um saca-areia ou furador de areia. Fica claro que falta a técnica apropriada que a realidade exige.

Sem método e com técnica inadequada, o guarda-sol teórico não vai guardar o sol. Mas para garantir que todo o empenho é válido, o sujeito senta-se ao lado da teoria (do guarda-sol), agarrando-a fortemente para que produza seus efeitos, sabendo que se soltar as mãos vai precisar correr atrás da teoria. E tudo seria mais bem encaminhado se tivesse começado com um método que partisse do real.

Entretanto, preciso admitir que há criatividade nisso tudo. Cada vez que o casal decidia entrar no mar, fechava antes o guarda-sol.

COM QUANTOS PAUS SE FAZ UMA CANOA?

O número de paus para se construir uma canoa depende para onde se deseja ir e do que se pretende fazer com ela e nela. Assim também é que se decide a quantidade de energia amorosa que se deve colocar em uma relação. Depende para onde se quer ir com ela, do que se espera dela, do quanto se a deseja e do tempo em que se quer mantê-la. Se for fugaz, bastam poucas energias. Se for eterna, é preciso que se coloque toda a energia amorosa existente e disponível.

O amor, tal como a canoa, é como uma embarcação, que pode levar a lugares maravilhosos, pode garantir a subsistência, pode transportar as esperanças e desejos, pode servir para dormir na areia e partir com o Sol, pode flutuar por águas calmas e rasas ou agitadas e profundas. Mas o amor que não tem estrutura para enfrentar tempestades, atravessar mares bravios sem virar, o amor que afunda com uma onda pequena e que não aguenta o peso que carrega, é como uma canoa frágil que, no máximo, ajuda a atravessar um rio pequeno e tranquilo.

Assim como a canoa, o amor frágil passa o tempo ancorado na beira do rio para ser usado de vez em quando. Jamais será usado em tempo ruim. O amor frágil é como um acessório que se pode dizer que existe, ainda que inútil. O amor frágil vai se tornando cada vez mais úmido, cheio de limo, até que se solta das amarras e se vai rio afora até desaparecer, deixando apenas uma pálida lembrança. Se seu dono precisa de um barco, deve construir outro, cuidando para que ele seja forte e tomando conta dele com atenção e carinho. Amor sem carinho, sem atenção, sem manutenção, acaba como o barco frágil, esmigalhado em algum ponto do rio: dele nada restará, exceto alguns pedaços de paus que virarão fogueira em uma choupana qualquer e que um dia serão cinzas perdidas no vento.

Com quantos paus se faz uma canoa? Depende do que se quer dela, de onde se deseja ir, de quanto tempo ela deve resistir e de quanta energia se coloca nela.

MISTÉRIO DA VIDA A DOIS

Dias destes, pus-me a pensar sobre a vida a dois. Quando a gente está ou se sente só, a vida parece seguir seu curso, assim, sem novidades. Apenas um dia depois de outro, em que a gente faz o que faz, repetidamente, com o único objetivo de seguir em frente. Não há emoção, não há vontade de voltar para casa, não há prazer em um fim de semana. Mas basta um momento, não mais que um momento, para tudo mudar, para haver um sentido, um projeto, uma vontade de viver. É o momento em que o amor se realiza, faz-se presente, em que simplesmente é. Parece um momento mágico, em que a gente ama como se sempre amasse, como sendo o único amor, como sendo todo amor, exatamente porque é assim que é: mágico.

Depois que a magia do amor acontece, toda pequena distância é longe, todo tempo é falta, todo encontro é o primeiro, ainda que seja todos os dias. Então, a gente sabe que estar só é apenas um momento físico, ainda que a ausência provoque dor, falta, saudades. Amar não é estar só. O amor está presente nas ausências, nas distâncias, nas saudades. Mas, apesar dessa evidência, a vida a dois também é um mistério.

Quando a gente pensa que a entende é aí mesmo que percebe que não sabe nada. Por mais parceiros que sejam, cada qual tem em si pensamentos e desejos que jamais revela e que, quer a gente goste ou não, interferem naquilo que é inteligível. Nenhum diálogo, por mais maduro e explícito que seja, recobre todas as coisas que constituem a vida a dois. Não falo daquilo que aparece, externamente, ou seja, do aparato da parceria: das músicas, dos filmes, dos passeios, das comidas e bebidas, das roupas, enfim, do que pode ser visto. Falo exatamente daquilo que não aparece: das fantasias, das inquietações, das interdições. O mistério é esta condição de uma parceria poder ser o que é inobstante tudo aquilo que esconde.

Mesmo as palavras não ditas, que voam ao som dos acordes ou dançam contra o fundo transparente, expressam muitas coisas. Quando falam de amor sem dizer, quando registram lembranças nas coisas, quando traçam caminhos no imaginário. Essas palavras parecem conter perfumes, cores, sons, sinais, brilhos, mas nem sempre são capazes de dizer com toda a delicadeza, toda a profundidade, coisas que estão registradas no mais profundo sentimento. Assim, é preciso saber ler as palavras que estão no olhar, nos gestos, nos beijos, nos carinhos, nos abraços. Palavras que são ditas sem fonética, em que a acústica só pode ser ouvida no ritmo acelerado do coração.

É assim que, na vida a dois, fala-se ao coração quando se prepara um café, quando se espera o regresso do trabalho à noite, quando se encaixa o corpo ao se deitar. Fazer isso não depende de segunda-feira, de terça-feira. Não depende da manhã ou da noite. Porque o amor é o dia inteiro, inteiro de saudades, pleno nos encontros, nos dizeres e no não dito ao som das vozes. E é porque se ama e porque se é amado, que a gente se encontra todos os dias na realidade imaginada em sonhos. Talvez se deva dar mais chance aos escritos, à fonética. Mas o amor, este está nucleando a vida a dois.

A TORTURA DAS ETIQUETAS

Até hoje não entendi por que os fabricantes de camisas e de camisetas insistem em colocar aquelas etiquetas nas golas. Nem porque eles insistem em fazer o mesmo nas cinturas das calças, bermudas, calções e cuecas. Aliás, neste último caso, as etiquetas não servem sequer para facilitar o transporte de dólares, que são guardados diretamente nas cuecas. Sei que é uma questão de registro da marca ou de instruções sobre como lavar, secar e passar, mas, por favor, é irritante. Existem umas etiquetas que são bordadas com um fio dourado ou prateado ou que são costuradas com fio de nylon. Estas são, definitivamente, as piores. O sujeito veste a camisa, sai de casa para o trabalho e já no caminho aqueles fios começam a cutucar o pescoço. Como se fossem espinhos. O sujeito desabotoa a camisa, frouxa a gravata e não resolve. É o dia inteiro aquela tortura. Ao chegar à casa, o sujeito arranca a camisa e tem vontade de rasgá-la. Assim como uma pequena vingança. Promete nunca mais usá-la. Porém acaba esquecendo e em outro dia, especialmente calorento, coloca novamente a camisa e passa por todo aquele sofrimento mais uma vez.

A primeira coisa que se deve fazer antes de usar uma camisa, camiseta, calça, bermuda, calção, cueca ou pijama novo é tirar as etiquetas. Aqui, o sujeito descobre um problema. Os fabricantes não são inconvenientes apenas em usar as etiquetas. Eles parecem ter um prazer mórbido de costurar as malditas de uma forma que para tirá-las é preciso habilidade, paciência e uma capacidade visual apurada não apenas para enxergar, mas para diferenciar os fios que prendem as etiquetas nas roupas dos fios das próprias roupas. Um errinho e o sujeito corre o risco de ficar sem as etiquetas, mas com um furo na roupa nova.

Confesso que pensei em uma medida radical sobre o tema. Um Projeto de Lei proibindo o uso destas nas roupas. Algo como:

Art. 1º. Fica proibido aos fabricantes de vestimentas o uso, em qualquer roupa, de etiquetas, independentemente da finalidade delas, do tipo ou produto utilizado, que venham a causar irritação nos usuários.

1º. Entende-se por finalidade, a que se refere o *caput*, o uso de etiquetas com objetivos instrucionais e/ou de divulgação da marca;

2º. Serão aceitas marcas ou instruções impressas desde que não prejudiquem o tecido, não causem manchas ou danos visuais e desde que elas sejam feitas com material adequado ao uso e ao contato com a pele humana;

3º. Os fabricantes poderão utilizar etiquetas de qualquer tipo, desde que não sejam atadas ou costuradas na roupa e desde que possam ser retiradas pelos usuários com uma operação simples;

4º. Revogam-se as disposições, hábitos, costumes, tradições, manias e incompreensões em contrário, para sempre.

Gostaria de continuar, mas preciso tirar a etiqueta da minha camisa, que não me deixa sequer pensar direito.

UM CRIME PERFEITO

A noite estava escura como café forte sem leite. Não se percebia, nesse mar de trevas, nem vultos, que pela extrema escuridão não podiam mesmo ser percebidos. Pois foi no fundo escuro dessa turva escuridão que se ouviu o abafado estampido de um tiro. Um tiro surdo, dizem os especialistas, seguido de um baque, mais surdo ainda, que não foi escutado pelo famoso detetive americano Sam (Big) Odd, pelo simples fato de ele também ser surdo, talvez mais do que o tiro e o baque juntos.

Informado, porém, das graves ocorrências por uma amante do repórter amador, que ouve demais e fala pelos cotovelos, o prestimoso detetive começou a formular imediatamente as mais variadas hipóteses (que ele chama de teorias) a respeito do tenebroso crime. Mas tudo era um mistério impenetrável, como, aliás, é próprio dos mistérios e como convém aos crimes misteriosos que são os mais atraentes para alimentar a mídia sensacionalista.

– Quem seria o criminoso? Antes, quem seria a vítima?

Foram exatamente essas as duas primeiras perguntas que ficaram sem resposta. Depois vieram outras e mais outras que tiveram o mesmo desfecho. Assim, era preciso que se fizesse um pouco de luz naquela penumbra impenetrável (penumbra impenetrável?), mas isso não era possível no momento, porque a Companhia Força e Luz tinha cortado a ligação da residência, em cujo jardim havia ocorrido o crime, por falta de pagamento. A luz, no caso, só poderia começar a dar o ar da graça com o rosicler da aurora, quando o sol, que nasce para todos, começasse a mandar gratuitamente seus raios cósmicos sobre a curvatura enevoada da Terra, sugerindo que ela não é plana como antigamente se acreditava.

E foi isso que aconteceu. Era fatal. Ninguém tente deter o sol da manhã ganhando as alturas, pois o sol verdadeiro pode tardar, a depender do fuso horário e dos horários de verão, mas sempre aparece. E a verdade apareceu fria, cruel, inexorável.

Quando clareou o dia, quando o astro-rei iluminou a manhã gloriosa, enchendo de verberações luminosas aquelas veredas tropicais da fronteira americana com o caribe, quando começou a projetar uma intensa luz sobre o mistério, aí sim. Aí sim é que não se via mais nada mesmo. Já não se sabia quem era o criminoso e nem quem era a vítima. O detetive Sam Odd, então, percebeu que era necessário fazer um levantamento do terreno, do jardim e da calçada, para o que foi convocado um engenheiro especialista em passadiços, que fez um mapa revelador. Pelo mapa do local, muitas conjecturas puderam ser feitas para identificar o criminoso e a vítima.

Uma linha imaginária mostra o rastro de um cachorro vira-latas que esteve no local à cata de alimentos ou por simples curiosidade canina. Também poderia ter sido um cão policial amador, muito intrometido, que andou farejando o local do crime. Eram duas hipóteses, ou teorias, como afirmava Sam Odd.

As manchas que se viam no local não indicavam exatamente se eram de sangue ou de algum produto industrializado consumido em cachorros quentes. Levada a exame laboratorial uma amostra, o resultado era inconclusivo. Por ora, a única informação disponível era a de que as manchas acusavam a mesma baixa temperatura ambiente de 8º. Centígrados daquela madrugada fatídica. Se as manchas fossem mesmo de sangue, Sam Odd poderia provar que a vítima conservou até o fim o mais inalterável sangue frio.

No mapa aparece, ainda, um velho relógio, indicando três e um quarto. O relógio estava parado. Essa poderia ser a hora exata do crime, mas não há certeza, pois os peritos não conseguiam decidir se aquela hora indicava 3h15 da madrugada ou da tarde, ainda que a probabilidade apontasse para a madrugada.

Foi encontrada, também, uma grande quantidade de palitos de fósforos sem cabeça, por onde Sam Odd deduziu que o criminoso esperou, fumando, ali, a vítima durante longo tempo. O detetive, contudo, estava em dúvida, pois encontrara algumas poucas bitucas de cigarro com filtro. Havia mais palitos do que bitucas. Será que ele teve dificuldades de acender os cigarros por conta do vento?

Por outro lado, foi encontrado no local um botão de cueca, daquelas antigas, o que denunciava uma premeditação. Sam Odd suspeitou que o assassino jantou lautamente antes de esperar a vítima. Tão lautamente que o botão de sua cueca não resistiu e espirrou.

O local do crime estava deserto. As testemunhas oculares nada viram, e em nada vendo, apesar de oculares, também nada podiam informar. Restavam apenas algumas pegadas, palitos de fósforos amontoados (o que era uma indicação segura de que o assassino não utilizava isqueiros) em um pequeno espaço e umas bitucas de cigarro. Mais nada. Nada vezes nada. A arma do crime não foi encontrada. Seria um crime perfeito? Para elucidá-lo convenientemente, Sam Odd formulou duas teorias (na verdade, hipóteses).

Na primeira, deduziu que com o susto, a vítima teria sido assassinada de boca aberta e que a bala era de festim ou de outro material que se derreteu. Na segunda, o criminoso apontou a arma contra a vítima que, surpreendida, escancarou a boca, assombrada de pavor. O assassino, então, aproveitando-se da escuridão da noite puxou o gatilho, sem ter certeza de que acertaria a vítima, que sequer conseguia ver. Sam Odd acredita que a arma tinha o cano retorcido, o que explicaria a trajetória da bala não encontrada. De fato, o projétil entrou pela boca escancarada da vítima, sem encontrar obstáculos, percorreu o esôfago até o estômago, onde fez uma perfeita curva chegando ao duodeno e daí subiu para a aorta, deslocando-se pelo principal trajeto desta importante artéria para penetrar, em seguida, no cólon transverso até encontrar, pelos canais competentes, uma saída natural, sem deixar vestígios.

Sam Odd fez seu relatório afirmando que fora um crime perfeito. Tão perfeito, escreveu ele, que até o momento ainda não se havia encontrado o assassino e não havia nenhum suspeito. É impossível, escreveu Sam Odd, nestas circunstâncias identificar o criminoso. E também a vítima. Só havia um suspeito: o porteiro. Mas isso já é outro crime.

A CIDADE DA INVISIBILIDADE

Dizem que Deus não erra e nem mesmo comete um pequeno engano. Mas no caso daquela cidade parece que Deus se esqueceu de ligar aquela tramela que soltava um pouco do gás vital de vida coletiva, boa educação, solidariedade. Era incrível. As pessoas não se cumprimentavam nem mesmo quando entravam no elevador de seu próprio prédio e se encontravam pela primeira vez no dia. Nem pela segunda ou terceira vez. Nem vou me referir ao cumprimento ao porteiro do edifício ou à zeladora, porque estes são invisíveis até que alguém precise deles para algum serviço ou para reclamar de algo que não funciona. Quero fazer menção aos vizinhos mesmo. Havia os que moravam há 10 anos no mesmo condomínio e não sabiam os nomes uns dos outros, exceto o do síndico, que eram obrigados a decorar por óbvio. Isso para aqueles que compareciam às reuniões do condomínio.

Um dia, quando saía para meu trabalho, vi um grupo de mulheres conversando animadamente no hall de entrada. Quase não acreditei. Disfarcei e atrasei o passo para ouvir o que diziam, de curioso que estava. Para começar, não reconheci o sotaque, mas tive certeza de que não eram da cidade de Invisibilidade. Ah, sim, ia me esquecendo de dizer que Invisibilidade é o nome da cidade. Uma lembrava alguém de uma cidade do sul, outra parecia vir de uma praia do sudeste, outra de uma cidade do nordeste e outra, ainda, parecia que vinha das alterosas. Gente nova no pedaço, pensei. Voltei e entrei na conversa.

– Bom dia, disse eu.

– Bom dia, responderam em coro.

– Nunca as vi por aqui.

– Eu mudei já faz uns seis meses, disse uma delas.

– Eu estou aqui há uns quatro meses, disse outra.

– Eu cheguei faz uma semana, disse animada a terceira.

– Eu já mudei há mais de um ano, disse a quarta, mas fiquei oito meses no exterior com minha filha. E tu?

– Eu moro aqui já há 10 anos. Desde que o edifício ficou pronto. Moro no 75. É que não é nada comum as pessoas se encontrarem aqui em Invisibilidade e conversarem.

– Talvez porque tu saias pela garagem e não reparas.

– Quem sabe, disse eu.

– Mas sobre o que vocês conversavam tão animadamente? Perguntei.

Houve uma gargalhada geral.

– Pois a gente conversava sobre o fato de que aqui em Invisibilidade ninguém conversa com ninguém, disse uma delas sem parar de rir.

– Ah! Repliquei. Temos uma cultura que fazemos questão de manter. Em Invisibilidade todos são invisíveis até prova em contrário. E desconfiamos das pessoas visíveis. Por exemplo, eu as vejo. Vocês até parecem visíveis à primeira vista. Mas eu não as vejo como são, de forma que vocês são para mim apenas a aparência do que são!

– Hum! Espantaram-se todas.

– Sim. Eu não as conheço. Não sei seus nomes, o que fazem, em que apartamento moram, de onde são, do que gostam, enfim, não sei nada e em não sabendo nada vocês são invisíveis.

– Mas por que tu não perguntas? Disse a mais desinibida delas.

– Como posso perguntar se vocês são invisíveis?

E assim é que se mantém a tradição.

HÁ MOVIMENTO NO SER

Caminhando sem pressa, admirando as paisagens, os ídolos cobertos de vento e as águas turvas de pó. No horizonte, o pálido ponto de vista do alto das incertezas manipula convicções, tão frágeis como qualquer convicção pode ser. Nem era preciso elaborar projetos destilados em efervescentes discrepâncias. Bastava o imediato sensível no idílico momento.

Foi então que se produziu a primeira superação da aparência fenomênica e os ídolos cederam aos ventos e as águas se mancharam de lama. Nada é o que parece ser. O lobo solitário da floresta uiva sem correspondência, registrando seu lamento de fim de tarde. A noite cai e nem mesmo as estrelas cintilantes são capazes de realizar o ato completo da descoberta.

É preciso empenho para compreender o que não é visível. O silêncio da noite é preenchido de sons estranhos que habitam o imaginário das suposições. As perguntas esmorecem na falta de respostas. Solicitações de presenças se perdem na escuridão do tempo. O que era aparentemente compreensível se torna enigmático.

Resta o empirismo radical, esta infantilidade do realismo fenomênico que só pode ser curada pelo antídoto da coisa para-si. Mas esta se encontra em apartação.

A noite passa e vem o dia a anunciar a luminosidade do desconhecido. Contudo é necessário mais que isso para desvendar o silêncio protegido pelas fugas. Paisagens, ídolos e águas nada revelam senão a coisidade externa. Seria a insistência do esclarecimento uma inconveniência invasiva?

O parecer-ser é um não ser que se quer ser, mas que é apenas um ser enganador. Um ser de aparência fenomênica que subtrai sua essência aos desavisados da noite e aos iludidos do dia.

O concreto é concreto, como se sabe desde longe, por ser a síntese de múltiplas determinações, e não está disponível ao imediato sensível. Vai a boa noite e vem o bom dia, como um movimento sem percurso.

Nem mesmo o frio e a chuva mobilizam o acender da fogueira, talvez por conta da insuficiência da matriz de possibilidades. É quando a neblina chega e esconde a paisagem, submetendo até mesmo o imediato sensível à não disposição das presenças presumidas.

E bem lá, onde havia sons de festa e paisagens confusas, faz-se um profundo silêncio, protegido por densa neblina. Nem mais lamentos uivantes, nem ídolos e águas.

Há movimento no ser, todavia. O fim do ser é também o início do vir-a-ser, que carrega em si mesmo a complexidade desconhecida que só como farsa se repetirá, exigindo superação das aparências. É exatamente aí que tudo está: o que foi, o que é e o que virá a ser.

FOGO NA GARAGEM

Então, encontrei a caixa de Fósforos Pinheiro que minha Avó usava para acender o fogo do fogão à lenha usando os cavacos que eu havia cortado no quintal. O fogão à lenha, em que minha Avó fazia as mais deliciosas comidas, assava os bolos mais saborosos e os doces portugueses com muito açúcar e ovos, também esquentava a água do banho.

De posse da caixa de fósforos, saí pelo quintal a fazer experiências, como todo aspirante a cientista que se preza. Queimar folhas secas, fazer uma fogueira de sapé e outras que o politicamente correto ambiental me impede de contar. Esgotadas as possibilidades no quintal de casa, pulei o muro e fui para o quintal do vizinho, que estava vazio, pois ele havia se mudado. Quanta coisa para queimar havia lá, quanta experiência possível se descortinou para mim. Mas, e sempre tem um "mas", detive-me no desativado galinheiro encostado na garagem de madeira. Fuçando nos ninhos encontrei uma colônia de piolhos, esses bichinhos assustadores que invadem nossa cabeça. Disposto a dar fim nessa ameaça potencial de piolhos que, em marcha militar iriam invadir minha cama enquanto dormia, em um ataque surpresa, decidi eliminá-los em seu quartel. Com minha arma letal fiz uma investida nos vários regimentos acantonados no galinheiro do vizinho: os ninhos piolhentos. Para ser direto, meti fogo neles, um a um. Fez-se o fogo, depois a fumaça e o inimigo restou destruído. Como bom combatente, assisti, impávido colosso, o triste fim do meu Policarpo Quaresma particular e de seus piolhos nacionalistas, sentindo-me o verdadeiro Floriano Peixoto contra os rebeldes. Mas eis que uma voz gritou meu nome chamando para almoçar e tive que me retirar do local do combate.

Em meio ao almoço da vitória, minha prima entrou na sala aos gritos: "tem um incêndio na garagem do vizinho!". Minha guerra aos piolhos havia se alastrado. Suei frio, pois como diz aquela música nordestina, "Bittencourt tem medo". Confiante, porém, em minha capacidade de resolver o problema por mim mesmo, muni-me de um balde de água e fui até local do combate. No primeiro arremesso, feito de cima do muro, depois de um "tchiii", o fogo me mostrou que não estava ali de brincadeira. Desci e lá fui encher o segundo balde de água. Depois o terceiro e o quarto até que alguém, quem nem imagino, teve o bom senso de chamar os bombeiros. Vendo a tropa inimiga chegar com suas sirenes e mangueiras, adotei a estratégia da retirada, que me pareceu a mais prudente, e fui me esconder no telhado do galpão do vizinho dos fundos, onde passei toda a tarde cozinhando no sol e me solidarizando com o Bittencourt.

Ao longe, a vizinha do outro lado, com seu sotaque alemão inconfundível, berrava sua denúncia: "foi Henrica... foi o Henrica... foi o Henrica!". Tive vontade de xingá-la, mas me pareceu tão inoportuno, porque isto revelaria meu esconderijo, quanto inadequado, porque ela tinha uma neta linda por quem eu estava vivamente interessado. Fingi que nem era comigo. Já havia anoitecido quando saí do meu esconderijo estratégico e voltei para casa, sentindo-me um Nero que havia tocado fogo em Roma. Mas, ciente de que toda a guerra tem consequências maiores do que ela mesma e depois de ouvir um conjunto de discursos ameaçadores à minha integridade psicológica, fui dormir com a certeza de que aqueles regimentos de piolhos comandados pelo Major Policarpo não iriam invadir minha cama na calada da noite. O que jamais poderia imaginar é que o cheiro daquela fumaça iria ficar inscrito em minha memória para sempre, assim como aquela batalha no quintal e a caixa de Fósforos Pinheiro.

E ASSIM MORREU O PATO

Naqueles idos tempos, a bola de couro com a qual se jogava futebol era, incrivelmente, de couro. Costurada à mão. Como vim a saber anos depois, provavelmente por prisioneiros, força de trabalho explorada além da exploração usual que caracteriza o sistema de capital. Com o tempo, a bola ia se desgastando, melhor dizendo, escamando. A manutenção de sua condição de uso dependia de um cuidado especial que consistia em esfregá-la com sebo fresco, que se podia conseguir gratuitamente em qualquer açougue. Claro que eu ia ao açougue em que minha Avó comprava carnes, pois nem precisava de muita explicação sobre o uso do sebo. Sebo, não sei se as pessoas de hoje em dia sabem, não é apenas aquela livraria onde se compram e vendem livros usados, mas também um produto de secreção das glândulas sebáceas (no caso, da vaca ou do boi), composto de gordura, ceratina e detritos celulares, cuja função é, sem qualquer sombra de dúvida, proteger a bola de futebol de couro. A bola de couro não era exatamente um presente de Natal. O presente de Natal era a bola de borracha incrivelmente feita de borracha mesmo, que pulava mais do que milho de pipoca em festa junina.

Pois foi em um desses natais que ganhei, de minha Avó, uma bola de borracha na cor de tijolo queimado. O quintal de minha casa não era exatamente um campinho de futebol, o que me obrigava a exercitar aqueles dotes de jogador que acreditava que tinha, mas que nunca tive, no corredor ao lado da casa. A linha lateral era o muro, que também servia para tabelar com um imaginário companheiro de time. Pois foi numa destas tabelas que, com a precisão que caracteriza os verdadeiros craques, fiz um passe extraordinário que o muro, preguiçoso, sequer se esforçou em cabecear. Ficou ali, parado, querendo a bola nos pés. Daí, então, a bola, esta irresponsável e desobediente, passou por cima do muro e foi direto para o galinheiro da vizinha.

Sem um gandula de ofício, tive que ir buscar o elemento central do jogo. Assim que escalei o inerte muro deparei-me com uma cena inusitada. O pato da vizinha, meio que se achando parte do time, deu de tentar participar do jogo cabeceando a bola de borracha, coisa que nem eu mesmo arriscaria. Mas ele, o pato, sendo um pato sem noção, o que já o caracterizava como um verdadeiro pato, foi ao jogo. O destino foi trágico. No cabeceio o pato morreu. Dada a situação, o árbitro da partida, que era eu mesmo, deu o jogo por encerrado por falta de condições de segurança e abalo psicológico dos atletas, no caso, eu, o muro e o pato que já não tinha mais problemas dessa ordem, pois que abandonara o jogo por motivos próprios. Até tentei recuperar a bola, mas eis que a força policial chegou, representada na figura da minha vizinha com seu sotaque de Kaiser, tal como um autêntico Imperador do Sacro Império Germânico. Nem é preciso dizer que pulei do muro muito mais rapidamente do que de costume.

Não demorou muito para que a vizinha tocasse a campainha de casa. Minha Avó foi atender. Fiquei na espreita, embaixo da escada.

"O Henrica matou o pata!", disse a vizinha segurando o dito cujo.

"Eu querer que vizinha paga o pata", aduziu sem muitas explicações.

Minha Avó, com aquela sabedoria e paciência que se adquire com o passar dos anos, e também sabedora da inocência do neto, disse:

"Eu pago. Quanto custa o pato?"

Nem lembro o preço, até porque nosso dinheiro mudou muito de nome. Minha avó foi buscar o dinheiro. Então se seguiu uma conversa:

"Eu dou o dinheiro e a senhora me dá o pato", disse minha Avó.

"Eu não dar o pata", respondeu a vizinha.

"Se a senhora não me der o pato eu não vou lhe dar o dinheiro", argumentou minha Avó.

"Eu não dar o pata. O pata é minha!", insistiu a vizinha, com o perdão da rima.

"Então, eu não vou pagar o pato", encerrou minha Avó.

A vizinha se foi com o pato, aquele jogador metido que achou que podia cabecear uma bola de borracha. Anos depois eu entendi melhor o que significa pagar o pato. Mas isto já é outra história porque, afinal, nem minha Avó pagou o pato e nem a vizinha o entregou. Porta fechada, minha Avó calmamente me perguntou: "Você matou o pato?" O que respondi? Respondi: "eu não! Foi a bola que a senhora me deu no Natal".

O DESTRUIDOR DE TERNO

Minha Avó era a mais velha de nove irmãos. Nunca refleti muito sobre a capacidade reprodutora de minha Bisavó, mas, convenhamos, ela não economizou. Os irmãos de minha Avó se espalharam pelo Brasil e cada um seguiu sua vida. Houve um episódio que preciso registrar, porque se tornou uma história repetida nas conversas de família. Trata-se de um fato que aconteceu entre o Tio Bide e Tio Gi (seus apelidos).

Tio Bide foi um exemplar funcionário de carreira do Banco do Brasil, conhecido por sua pontualidade: dizem que os demais funcionários acertavam seus relógios quando ele chegava ao Banco, na Praça Tiradentes, todos os dias, precisamente às oito horas da manhã. Ele calculava exatamente o tempo do trajeto a pé de sua casa ao Banco e nada o desviava de sua precisão suíça. Tio Bide era o protótipo do conservador: andava sempre de terno, mesmo nos sábados e domingos, e de chapéu. Ele e sua mulher, Tia Zenita (também apelido) não tiveram filhos, mas lembro de quando ele comemorou os vinte anos de seu Studebacker President 1941, verde. Tia Zenita parecia, a nós crianças, uma personagem sinistra, algo como a Maga Patalógica das revistas. Andava sempre de roupa escura e com um casaco comprido preto. Eles moravam na Avenida Silva Jardim, perto da casa da minha Avó, que era na Sete de Setembro, e nós, as crianças, podíamos ver de longe Tia Zenita chegando com sua clássica vestimenta de velório. Fugíamos dela, para evitar ter de responder às mesmas perguntas: "como vão as notas no boletim?"; "está estudando direito?"; "já fez a lição de casa?". Tia Zenita ia todos os dias na casa da minha Avó. Todos os dias. Chegava sempre às quatro horas da tarde. As cinco e quinze chegava o Tio Bide, que saía do Banco precisamente às cinco horas. Todos os dias tomavam o café ou chá da tarde com minha Avó e lá ficavam até às seis e meia. Conversavam muito. Até hoje não sei de onde tiravam tanto assunto. Às vezes, Tio Bide levava-nos, as crianças (éramos cinco), para passear, mas era raro, porque poderia sujar o seu Studebacker.

Tio Gi morava em São Paulo e todos os anos passava férias na casa de minha Avó em Curitiba. Chegava com Tia Deise e seus quatro filhos (nossos primos). Tio Gi era divertido e quando fiz meu doutorado na USP foi na casa dele que eu fiquei. Tio Gi jogou futebol na Portuguesa Santista. Trabalhava em um escritório de representação comercial. Ele me fez passar alguns sustos quando me dava uma carona até a Praça Pan-Americana, em São Paulo, para eu pegar um ônibus até a Cidade Universitária: metia a mão na buzina em cada esquina e passava como se fosse o dono da rua. Mas eu me diverti muito com suas histórias. Uma delas é esta.

Tio Bide usava um terno de linho branco. Um dia, lá na casa da minha Avó, Tio Gi disse ao Tio Bide que o sonho dele era ter um terno de linho branco. "Bide" disse Tio Gi, "sempre quis ter um terno de linho branco assim como o seu, mas não tenho como comprar o pano e mandar fazer o terno porque é muito caro". Tio Bide ficou pensativo. Passados uns dois ou três dias, Tio Bide deu ao Tio Gi seu terno de linho branco, pois ambos tinham a mesma altura e tipo físico. Tio Gi, feliz da vida, levou o presente para São Paulo: "agora vou poder trabalhar de terno de linho branco" disse ele.

No ano seguinte, em uma daquelas conversas de fim de tarde na casa da minha Avó, com meus tios, tias e nós, as crianças, em torno da mesa na Copa, em um momento muito raro de silêncio Tio Bide perguntou: "Gi, como está indo o terno de linho?". Tio Gi, então, respondeu: "olha, Bide, eu usei uma semana. Daí, mandei lavar e ele ficou todo puído e esfiapado, as calças se rasgaram e não deu mais para eu usar". Tio Bide, visivelmente chateado, exclamou: "caramba Gi. Eu usei este terno durante 20 anos e não aconteceu nada. Você usou só uma semana e já o destruiu!"

PINHEIRINHO ENFEITADO

Pinheirinho enfeitado. Cheiro de quitutes. Papai Noel nos visitava na noite de 24 sempre quando já estávamos, as crianças, dormindo. Escondido no vão da escada, quantas vezes esperei por ele até pegar no sono. Até hoje não o conheço pessoalmente. Só seu espírito natalino. Dia 25 acordávamos cedo para abrir os presentes que ele havia deixado sob a árvore enfeitada. Será que nos comportamos bem? Será que ele leu nossas cartinhas cheias de desejos e sonhos? Todos acordados, roupinhas engomadas, esperávamos ansiosos que se abrisse a porta da sala: abre-te sésamo! Ouvíamos nossos nomes salteados e lá íamos pegar nossos presentes que abríamos, uns com cuidado para não estragar o papel caprichado, outros com pressa para descobrir o que o papel escondia. Bolas, bonecas, carrinhos, joguinhos de montar, sapatinhos, uma flautinha.

A manhã era uma festa no quintal. Cada um agarrado aos seus presentes, todos dividíamos um pouco, menos as meninas as bonecas e os meninos os carrinhos. O tempo voou, a realidade se impôs, a inocência foi deixada sob a árvore como nosso presente para quem nem sabíamos que viria: eles vieram com seus sonhos e desejos e nós como Papai Noel. Tantos anos se foram! Ficamos mais velhos, como o bom velhinho que esperávamos. A vida mais dura, os sonhos mais realistas, os desejos menos ingênuos. Com as dores da alma que ainda não tínhamos, a vida também nos deu a sabedoria para lidar com elas.

Dia 25 virou 24, mas ainda sinto o cheiro do pinheirinho enfeitado, ainda vejo as luzinhas piscando e a estrela no topo, ouço a algazarra das crianças, sinto o gosto do macarrão feito em casa com molho de carne assada, dos docinhos caseiros, do tão raro guaraná caçula. Tenho saudades da alegria, da inocência, daquelas pessoas que hoje vivem apenas em meu coração. Dos abraços, do quintal daquele sobrado, da noite que chegava antes que as brincadeiras terminassem.

As crueldades da vida não me tiraram as saudades, não acabaram com meus sentimentos, não desfizeram minhas utopias e se os sonhos e desejos não são os mesmos, a vontade de realizá-los continua igual. Não mais carrinhos, não mais uma bola ou uma flautinha, mas sempre o amor que tudo isto representava e a eterna alegria de saber ir em frente fazendo deste amor o único sentimento que comanda a vida.

TOMA LÁ, DÁ CÁ

Alguns bons anos atrás, andava eu pelo centro do Rio de Janeiro quando, ao passar pelo famoso Amarelinho, vi em uma mesa, tomando cerveja e comendo alguns petiscos, um grupo de economistas clássicos. De imediato reconheci Adam Smith e Davi Ricardo. Curioso me aproximei. Smith me olhou e disse "sente aí, vem se juntar à nossa mesa". Como recusar tal convite? Peguei uma cadeira e me uni ao grupo.

Logo percebi que o tema da conversa era a famosa Lei da Oferta e da Demanda que um deles disse que precisava ser atualizada para Lei do Toma Lá, Dá Cá. Essa nova Lei fazia referência a tal da Governabilidade, que significava o equilíbrio entre a produção e a demanda da mercadoria política (cargos, prestígios, privilégios etc.), ou seja, uma troca de favores no mercadinho dos interesses inconfessáveis.

Esse economista, que infelizmente não reconheci, passou a explicar sua teoria. Disse ele: *toda oferta de mercadoria está limitada pela disponibilidade dos fatores que entram em sua produção. Assim, temos a Curva de Possibilidades de Produção. Enquanto a oferta de mercadorias políticas e sua demanda estiverem abaixo dos limites da curva, a Governabilidade é possível. Mas quando a demanda excede a capacidade de oferta, os preços das mercadorias políticas sobem até se tornarem impagáveis. Então, quando o Toma Lá não consegue atender à desenfreada demanda do Dá Cá, ocorre uma pressão sobre a capacidade dos ofertantes, dos produtores dessas mercadorias políticas.*

Se os ofertantes (especialmente os que detêm o monopólio da produção) não conseguirem mais atender aos interesses de consumo dos demandantes, estes tendem a romper o pacto do negócio da Governabilidade, postulando a destituição dos ofertantes para substituí-los por outros que venham a atendê-los. Alguns demandantes se candidatam a ocupar o lugar dos ofertantes e planejam um golpe na fracassada relação que instituiu a ambos, de modo que a mercadoria política continue sendo ofertada nas condições de variabilidade e quantidade que satisfaçam os apetites políticos de todos os comensais.

Então, concluiu este economista, sempre que a Governabilidade for baseada na relação entre o Toma Lá e o Dá Cá, haverá um momento em que a oferta de mercadorias políticas (cargos, prestígios, privilégios etc.) será insuficiente para atender aos apetites dos consumidores dessas mercadorias e é aí que se desenvolve a especulação, cujo resultado será um novo esquema de expansão da Curva de Possibilidades.

Adam Smith coçou o queixo e eu pedi ao garçom uma porção de batatinhas fritas, na esperança de que elas estivessem em oferta em algum lugar abaixo da tal curva.

EDIVALDO

Era o ano de 1985 em uma noite fria em Curitiba. Desculpem-me. Assim como descer para baixo, entrar para dentro, pessoa humana, unanimidade de todos e surpresa inesperada, noite fria em Curitiba é um pleonasmo vicioso. Mas deixando de lado esta minha erudição inútil, como estava dizendo, era o ano de 1985. Estava eu em um boteco no Largo da Ordem. Conversa de boteco, vocês sabem, tem de tudo. Grandes reflexões filosóficas, soluções originais para os problemas brasileiros, idiotices científicas, piadas prontas, futebol, sexo e carnaval. Não, não! Carnaval em Curitiba, não. Não sei bem por que, se por comodismo ou receio de parecer pedante, deixei passar em branco aquela observação do Edivaldo que na época me pareceu imbecil. Talvez porque eu não tivesse mais paciência histórica para ficar discutindo metafísicas de botecos. Mas, vejam. Eu não tinha razão! Edivaldo, depois de um longo discurso regado a cerveja com batata frita, disse estar convencido da importância da informática nos encontros dos amigos nos bares da vida. Quem é que poderia, depois de um dia de trabalho, ir a um boteco, em uma noite fria da fria Curitiba (sai de mim, pleonasmo!), tomar uma cerveja gelada, com batata frita que esfria e rapidamente fica molenga e gordurosa, discutir a importância da informática na relação dos grupos de amigos em seus encontros em botecos. Inacreditavelmente, como vim saber muitos anos depois, o Edivaldo estava antecipando o que seriam as redes sociais e seus movimentos de rua, convocação de passeatas e por aí vai. Edivaldo tinha alguma coisa de Nostradamus.

Mas na época, o que eu poderia dizer, diante daquela observação? Que sim, que concordava? Tudo bem que eu não seja adepto da crença de que só uma ciência do tipo causa-efeito baseada em pesquisa quantitativa pode ser verdadeira. Não querendo saber da relação causal entre informática e encontro de amigos em botecos, não pude entender que tipo de relação poderia haver. Qualquer uma! Umazinha só. Então vocês acham que eu deveria dizer que não, que não concordava? Vocês não conheceram o Edivaldo. Isso seria o meu fim. Não, não pelos argumentos. Sei que ele não os tinha elaborado. Mas porque ele é um daqueles que tendo ou não razão ele tinha sempre razão. Vocês iriam dar razão a ele apenas para se livrar da chatice. Discordar do Edivaldo era ficar prisioneiro dele para o resto da vida, porque ele não esquecia.

"Lembra-se daquela discussão no Restaurante Lê Batuque? Você concordou comigo que o cometa Harley é formado por uma estrutura metálica, de um metal desconhecido na Terra, envolto em gelo e gases!" Sim, eu sei que o nome do cometa é Halley, que Harley é um dos nomes da motocicleta Harley-Davidson, mas quem seria doido de questionar Edivaldo. Mas ele me veio com esta no meio de uma conversa de boteco, assim, no meio do nada. Sei lá no que ele estava pensando, que coisas estavam fervendo no seu cérebro de estivador intelectual. Só sei que paguei o maior mico. Só quem estava no boteco ou quem conhecia Edivaldo sabia da história. O resto olhava para mim como se eu fosse um íntimo do Edivaldo. Mas, de fato, eu o compreendia em sua maluquice.

Pelo bem de minha saúde física e mental, fiquei calado diante da idiotice do Edivaldo. Sei. Vocês acham que terminou? Terminou coisa nenhuma. No dia seguinte e nos próximos, comecei a receber mensagens escritas a mão sobre o tema, com indicações de referências, loucuras e tal. Tempos depois, Edivaldo abriu uma conta no Orkut. O Facebook ainda não existia. Não aguentei, mas me digam, quem aguentaria? E aí começou a outra parte da história.

O Edivaldo cismou que o cometa Halley não apenas era formado por um núcleo metálico, como transportava uma mensagem extraterrestre. Segundo ele, uma civilização avançada teria deixado uma mensagem aos humanos, assim como aquelas garrafas no mar. Uma mensagem que um dia seria encontrada por alguém. Como? Isso ele não disse, mas me pus a imaginar que seria no dia em que o Halley caísse na cabeça deste escolhido. Talvez não na cabeça, mas, digamos, ao lado. Esse sujeito, então, abriria a mensagem, naturalmente contida em um recipiente à prova de fogo e frio, e a leria em inglês, que é considerada pelos ingleses e americanos, a língua universal. Sim, porque em todos os filmes os extraterrestres falam inglês fluentemente, o que me leva a supor que em seus planetas exista uma escola de inglês, por franquia ou *naming rights* de alguma universidade americana. Mas, voltemos ao assunto.

Edivaldo insistia na existência dessa mensagem que, segundo suas pesquisas, que nem tenho ideia onde fazia, traria uma mensagem para salvar a humanidade de uma iminente destruição. Pensem comigo. Se era tão iminente, por que os extraterrestres iriam colocá-la em um cometa que se aproxima da Terra a cada 75 ou 76 anos? Mais, um cometa cuja possibilidade de cair na Terra é tão remota, quanto significaria se, ele mesmo em sua queda, fosse a própria destruição? Mas Edivaldo tinha outra teoria. Para ele, o *cometa Harley* estava se dissolvendo no espaço e chegaria à Terra em poucos anos como um simples meteorito inofensivo trazendo a dita mensagem. Dissolvendo? Inofensivo? E o núcleo metálico? E o recipiente? Para Edivaldo essas eram questões menores. Menores depois que já haviam sido maiores, mas sigamos em frente.

Edivaldo decidiu, então, adquirir uma luneta especial para "pesquisar o céu", como ele dizia. Que ele fizesse isto por sua conta, tudo bem. Mas ele teimou em me convidar para sua expedição de busca em São Luiz do Purunã, onde, dizia ele, também havia registros de "avistamentos de óvnis". Um belo dia, final de tarde, Edivaldo apareceu em minha casa todo equipado. "Vamos caçar óvnis?" disse ele. "Mas não era o cometa? Perguntei. "Sim, mas quando a gente achar os óvnis a gente vai achar o cometa! A gente faz um contato imediato de terceiro grau e pergunta onde está o cometa e quem mandou a mensagem" disse ele com entusiasmo de manicômio. A contragosto, lá fui eu. Não vimos óvnis e nem cometa, mas imaginem as histórias que eu tive que escutar durante uma noite inteira. "Hoje não deu, mas amanhã eu volto" disse ele. "Ah, amanhã eu vou viajar e devo ficar uns três meses longe de Curitiba" me apressei em mentir.

Sim, eu sei. Vocês querem saber do Edivaldo. Pois nunca mais o vi. Dizem que ele desapareceu em uma de suas incursões a São Luiz do Purunã. Dizem que foi abduzido. Talvez um dia ele retorne com o recipiente da mensagem. Talvez!

POIS É!

Ainda meninos, atravessávamos a rua e íamos jogar pingue-pongue no Salão da Igreja Metodista. Oficialmente chama-se tênis de mesa, mas a gente jogava mesmo pingue-pongue. Assim eram muitos de nossos sábados e domingos. Vizinhos se encontravam para se divertir em jogos de duplas, equipes, campeonatos individuais. Não havia taças, disputas estressantes. O prêmio era a diversão, o prêmio era a condição de poder brincar. Éramos jovens adolescentes, de 12 a 15 anos, mas ali também costumavam se encontrar alguns vizinhos adultos e senhores para jogar pingue-pongue.

Dentre os vizinhos adultos, jamais me esqueço de um deles. O Poisé. Ele tinha, à época, seus vinte anos. Não sei e nunca soube seu nome. Ele costumava repetir várias vezes, nas conversas, no final das frases ou de forma enigmática diante do que parecia ser inevitável, o seu "pois é!". Eu e meu primo, Paulo, o chamávamos simplesmente de Poisé. "É sua vez de jogar Poisé". "O Poisé vai fazer dupla com o Rogério". "Poisé, vamos jogar hoje?"

Mas Poisé não era apenas "pois é!". Ele era dono de algumas expressões que marcaram aqueles tempos. Não eram expressões famosas do tipo "é uma brasa, mora", que a Jovem Guarda usava em profusão, mas ficaram gravadas em minha mente como expressões de um tempo de brincadeiras juvenis, de atividades lúdicas, de construção da sociabilidade.

Se a gente perguntava ao Poisé se tinha certeza de algo ele vinha com uma resposta especial. Para saber se a bolinha de pingue-pongue bateu ou resvalou na mesa, era inevitável a pergunta. "Deu casquinha, Poisé?" Ele dizia convicto: "Sim". "Tem certeza?", a gente insistia. "Até que meio quase não" dizia ele. E aquela expressão foi socializada entre nós. "Tem certeza?" "Até que meio quase não". "Você já decidiu se vai jogar hoje?" "Até que meio quase não". Essa expressão tinha um complemento garantidor da certeza da incerteza. "Tem certeza, Poisé?" "Até que meio quase não. Quanto mais, principalmente" dizia ele. Assim, nós, ainda jovens, tínhamos nossa forma de identificação com uma modalidade lógica da necessária afirmação categórica das coisas da vida. Nossa convicção intelectual que suplantava qualquer dúvida típica que caracterizava as incertezas da vida e ao mesmo tempo reafirmava a veracidade irrefutável e evidente de nossos julgamentos, era expressa de maneira inequívoca: "Até que meio quase não. Quanto mais, principalmente!".

A vida aprontava das suas. Aliás, sempre o fazia e ainda faz. Diante da impossibilidade de mudar as coisas, a forma de aceitar as agruras era humildemente dizer "pois é!". As agruras que hoje me parecem irrelevantes eram, então, fundamentais. "O Salão da Igreja está fechado. Não temos onde jogar". "Pois, é!" "Como é que o Atlético foi perder para o Bloco Morguenau?" "Pois, é!".

A vida vai levando cada um de nós para lugares e situações cada vez mais complexas. As lembranças compõem um quadro de referência, consciente ou inconscientemente. As frases e expressões que identificaram uma fase da vida desapareceram das conversas cotidianas, mas seus sentidos permanecem como viga de um edifício social. Os problemas ganham dimensões diferentes e a ingenuidade não tem mais lugar na vida. Os momentos de incerteza não mais permitem divagar pelo "até que meio quase não". Quanto mais, principalmente.

Nunca mais encontrei o Poisé. Pois, é!

AMOR: ESTE SUJEITO ESTRANHO

Dia destes, andando pela cidade, sem destino, encontrei o Amor. Ele estava calmamente lendo seu jornal em um banco de praça. Há muito não o via e resolvi me aproximar. Puxei conversa. "O que faz você aqui?" perguntei. "Está em férias?" insisti. "Não", disse-me ele sem tirar os olhos do jornal. "Estava justamente lendo os classificados procurando um emprego". "Um emprego?" disse eu sem conter meu espanto. "Claro", disse ele. "Ou você acha que eu, o Amor, estou sempre ocupado, trabalhando? Eu estou desempregado, meu caro. Andei fazendo uns bicos no cinema, mas nunca durou mais do que um filme. Tentei uma escola, mas jamais passou de meio ano letivo. Fui trabalhar na praia e descobri que eu não subo mais a serra. Os tempos estão difíceis. Quem anda com tudo é o Ficar. Ele está bombando. Todo mundo fica. Amor mesmo está raro!".

"Mas", ponderei, "eu não entendo você e aquele seu amigo... o Cupido. Vocês têm tudo para dar certo e andam, assim, relaxados. O que há?". "Sabe", confessou o Amor, "eu e o Cupido nos separamos. Incompatibilidade de gênios. Não nos amamos mais. Sei que parece estranho, mas até nós fomos afetados. Ele gostava de praticar arco e flecha e eu já me contentava com uma simples trepadinha". "Como assim?" perguntei. "Isto não é o trabalho do Ficar?" "Sim, era!" respondeu o Amor. "Acontece que o mercado está muito competitivo e eu estou entrando em todos os nichos. Recomendação de minha assessoria de marketing. Na verdade, minha assessoria disse que eu deveria fazer um benchmarking, para me conduzir a um desempenho superior, igual ao do Ficar. Eles disseram que preciso examinar como o Ficar realiza sua função específica a fim de melhorar como eu devo realizar a mesma ou uma função semelhante. Mas vou lhe dizer uma coisa: nem me importa se este é o negócio do Ficar. O meu negócio é diversificar. Então uma trepadinha já está valendo, porque sempre pode virar um relacionamento sério, não é mesmo? Você pode não acreditar, mas eu aposto em mim". "Acredito, sim!" disse eu sem muita convicção.

O Amor voltou a ler seu jornal como se nada mais tivesse importância. Fiquei ali, matutando. "Não entendo uma coisa!", insisti. "Ah, isto já é alguma coisa" disse o Amor sem tirar os olhos do jornal. "Se o Ficar está com tudo, então você, o Amor, está acabado?". O Amor soltou uma gargalhada. "Acabado mesmo eu não estou, mas estou no ostracismo. Sabe de uma coisa? As pessoas escrevem canções para mim, versos, poesias, romances, fazem filmes e novelas, mas eu mesmo vim parar em uma praça porque não tenho mais trabalho. Todos vivem correndo, pensando no emprego, na fila do ônibus, no dinheiro, no corpo sarado da academia e não largam do WhatsApp. Quando sobra tempo, pensam no prazer. Amor, meu caro, virou artigo raro". "Como assim?" perguntei. "Olha! Quanto Amor você está vendo agora? Só eu, não é mesmo?" "Sim" concordei. "Então! Com tanta gente por aí, por que você acha que eu estou lendo jornal na praça? Eu não deveria estar trabalhando?" "Mas, as pessoas fazem amor!" disse eu apressado. "Isto, fazem amor com 'a' minúsculo. Na verdade, esta é só uma forma de se lembrar de mim, mas não de me sentir, compreende? Eles fazem é ficar".

"Mas tem um problema com você" ousei dizer. "Qual? Qual? Qual?" perguntou o Amor cheio de curiosidade. "Seu problema é que quando você chega tudo parece uma maravilha, mas daí você vai ficando acomodado, os encantos viram rotina e os planos de vida viram planos de ação semanal, isto quando eles não são de longo prazo. Não demora muito e você, meu caro Amor, passa a se interessar pelo trabalho do Ficar, porém com uma frequência típica das hienas, que ficam uma vez ao ano. É uma sacanagem!".

O Amor me olhou com ar de espanto e tristeza. Virou a cabeça e fitou o infinito por longos minutos. Depois, olhou para mim novamente e disse: "tempos modernos, meu filho, tempos modernos!"

A LÓGICA DA PADARIA

"Bom dia", disse eu.

"Bom dia", respondeu a moça da padaria.

"Por favor, qual a última fornada de pão que saiu? Qual o que está mais fresco?", perguntei.

"Fresco eu não sei, mas o mais torradinho é o francesinho", respondeu ela.

"Desculpe. Não entendi direito. O mais torradinho é o mais fresco?", insisti.

"Não. O mais fresco é o mais fresco. O mais torradinho é o mais torradinho", ela me respondeu cheia de convicção.

"Ah! Então, deixe-me perguntar", disse tentando ser educado.

"Deixo, sim!" disse ela apressadamente.

"Qual o último que saiu?" perguntei.

"Olha, moço, veio numa cesta. Eles vieram juntos. Eu não sei lhe dizer qual era o primeiro e nem qual era o último. Mas se o moço quiser eu vou perguntar para o padeiro para ver se ele sabe. Porque foi ele quem fez, sabe? Ele quem trouxe. Então, acho que ele deve saber", disse ela toda prestativa.

"Não precisa", disse eu. "O que eu queria saber é qual foi a última fornada?"

"Fornada? Não sei. Deixa-me ver. Isabel, tem fornada?" Isabel resmungou alguma coisa. "Moço, tem empada. Fornada a gente não tem".

"Fornada", disse eu, "são os pães que são assados de uma só vez no mesmo forno".

"Olha, moço, tem uma fila aí atrás do senhor. O que o senhor quer?"

"Tem broa", disse desistindo.

"Que tipo?" Perguntou ela.

"De centeio", disse eu.

"Tem. O senhor quer a mais fresquinha ou a mais torradinha?" Perguntou ela.

"Tanto faz", respondi já sem qualquer esperança.

"Desculpe, moço", disse ela gentilmente, "mas tem fresquinha e torradinha. Qual o senhor vai querer?"

"Torradinha. Me vê a torradinha!" disse eu já no limite da paciência.

"Moço, da torradinha só tem a integral!"

VIAGENS DA CONSCIÊNCIA

"É verdade", ela garantiu, depois de uma história que parecia mirabolante. "Eu juro que é!". Por que aquilo parecia tão importante naquele momento? Que diferença iria fazer? Mas ele continuou impassível, como se nada o atingisse. E, no entanto, ele também não tinha certeza e, então, já nem sabia se permanecia sereno porque não sabia de coisa alguma ou se era porque as coisas pouco lhe importavam.

"Você pode não acreditar em mim, mas é a mais absoluta verdade", disse ela ao se retirar da sala. Ele entregou-se ao pensamento. Imaginou possibilidades e, quando deu por si, estava se perguntando, afinal, o que era a verdade. Era uma pergunta da humanidade, pensou. Os primeiros filósofos já perguntavam o que é a verdade. Mas ele precisava saber se o que ouviu era ou não verdade e não adiantava, agora, discutir os filósofos. Ela disse que sua história era verdadeira, pensou ele. Depois, ela disse que era a mais absoluta verdade. Ora, se era verdade, por que existiria outra verdade, a mais absoluta? E a primeira verdade era menos absoluta? Era relativa?

Mais que uma questão transcendental, a dúvida que lhe assaltava era menos o problema da verdade e mais o problema daquela verdade. Não lhe interessava saber a respeito da verdade ou da vontade de verdade. Ele queria saber se a história a que ela se referiu era ou não verdadeira. E como saberia? Se confiasse nela, a verdade seria a dela e não a dele. Ao final, a verdade dele seria a dela. Haveria uma verdade aí? Com certeza haveria uma história, mas não necessariamente uma verdade, a não ser a que ela poderia lhe contar e que garantiria ser verdadeira. Uma verdade verdadeira. Sim, porque poderia ser uma verdade mentirosa, uma falsa verdade, ele pensou.

Seria a verdade, então, a confiança que ele teria nela? Isso lhe parecia um absurdo, porque se assim fosse ela seria a verdade mesmo que fosse mentira, pois tudo estaria depositado em alguma coisa que não estava em julgamento, que era a confiança. Pois nem isso já podia ser tratado como verdadeiro. No início, era verdade sim que ele confiava nela. Absolutamente. Mas agora a confiança era relativa e, como ele sabia, confiança relativa é desconfiança. Se havia desconfiança, é claro que não era verdade que ele confiava nela. Então, a única verdade daquela relação era uma mentira.

Eis que ele chegou à conclusão que a verdade não estava em quem falava, mas em quem ouvia, em sua condição de acreditar.

Haveria, então, duas verdades? Pensou ele. A dela e a dele? Não podia ser assim, porque isso seria admitir que ela estivesse com a verdade, que existiria uma verdade no que ela falaria e sendo dessa forma, ao final, só restaria uma verdade, a não ser que a verdade dele mesmo fosse uma mentira. Claro, pois se ela tinha a sua verdade e se sua verdade fosse verdadeira, existiria apenas uma verdade. Ao mesmo tempo, não fazia sentido pensar que a verdade dele não fosse verdade. A verdade dele não poderia ser uma mentira, porque ele não mentiria para si mesmo, ou mentiria? Não importa!

Todavia se ela tinha uma verdade e ele tinha uma verdade e se a verdade somente podia ser uma só, pois a existência de duas verdades significa que uma delas é uma mentira, então ela estaria falando a verdade! E se ela estaria falando a verdade, então ele não tinha por que achar que ela estivesse lhe enganando. Mas ele já não acreditava mais nela e isso era outra verdade.

A verdade eram as sombras ou era aquilo que revelava a luz? Isso era Platão e o mito da caverna? Seus pensamentos iam e vinham em uma grande dança. A verdade é a prática, vontade de verdade, a verdade é uma interpretação, a verdade é a representação simbólica. Ele só queria saber se ela diria a verdade ou não. Que lhe importava Platão, Marx, Gadamer, Ricouer ou seja lá quem for. Ela mentiria ou não? Ele podia confiar nela ou não?

O interfone toca e ela atende. Já passam das onze e meia da noite. "Quem era?" ele pergunta. "A pizza que eu pedi", responde ela. "Ah!" exclama ele. O moto boy entrega a encomenda. "Abra um vinho, querido!" pede ela. "Por quê?", pergunta ele. "Porque essa é a surpresa que eu queria contar. Eu fui promovida! Você não acha que isso merece ao menos uma comemoração? Um vinho?" "É verdade" disse ele. "É verdade!"

O CARNAVAL

Então, eis que a indelével figura surgiu, espetaculoso como uma ave de rapina, olhos de psicopata escondidos por óculos de grife, alinhado em trajes bem cuidados, cabelos brilhantes de gel, barba feita de salão, com aquele ar soberbo de imunidade e prepotência. Submissos servos do pantanoso salão prestam vassalagem ao herói do (sub)mundo do crime. Saudosos ditadores são festejados como democratas de família. Entre filhos, netos e vizinhos, por trás das cenas desfilam as segundas oficiosas para gaudio das primeiras oficiais.

O palco, recheado de usadas agulhas hipodérmicas com restos de drogas venenosas e enfeitado de auréolas em cartazes, recepciona o circo da fina flor representativa da burguesia da tradicional família Anatidae da Avenida Paulista. Sob os aplausos dos que ainda não sabem que pagarão a conta, segue o carro fúnebre em ritmo de réquiem. Rufam tambores, agitam bandeiras, batem panelas, em uma indescritível alegria de sororoca.

À frente da marcha TFP, com sua Espada de Sófocles, figura o impávido estoma a abrir novos caminhos laterais para recepcionar o Vice-Rei da Caravana em um tipo de colostomia política. O pretendente ao trono, mera figura de quinta grandeza, sonha com o estrelato, em conluio com o Príncipe da disciplina comteana. Decididos cordões armados com emplastros medicinais, compostos por artistas desfigurados e frequentadores do baixo clero, expõem seus sorrisos de claque ao som do apito regulador. Jurados escolhidos para dar notas aos quesitos da marcha fúnebre tergiversam sobre o consumo da zea mays everta por cinéfilos impacientes. Ao final da linha um abismo.

O dono do cabelo brilhante de gel, que enfeita a máscara mortuária de barba bem-feita, acredita que nada tem de temer (embora tenha tudo), pois sempre há um lugar de destaque na capa de um semanário de alto padrão preenchido de abutres em busca de algum golpe de misericórdia. Assim, felizes zumbis se congratulam na praça do triplo poder acreditando que a festa acabou. Porém, a festa mesma sequer começou, pois os principais convidados ainda não chegaram para o verdadeiro baile popular, em uma "ofegante epidemia", que se chama carnaval, o carnaval, o carnaval. Vai passar!

A JUSTIÇA

Dizem que quem muito quer nada tem. Não era esse o caso daquele sujeito. Ou era? Ele queria apenas o que era justo, mas o justo, infelizmente para ele, não obedece a normas padronizadas. Justo é como ética. Há uma ideia do que seja justo porque há uma convenção segundo a qual existe uma justiça. A justiça está para o justo assim como a moral está para a ética. É claro que há uma moral social, aceita, entronizada, mas ela não tem nenhum significado se não estiver assentada em valores. Quais valores? Aqueles que a sociedade entende sejam universais. Porém, o universal é particular. De alguma maneira os valores se tornaram comuns e esta maneira, todos nós sabemos, é ideológica. A moral é ideológica, porque é transitória, porque decorre de um condicionante histórico específico. Também a justiça.

O sujeito sempre soube que a ética aceita os pequenos crimes que são cometidos em nome da própria ética. Forjar um balanço contábil parece um pequeno crime, porque a ética é a do lucro e essa ética acoberta o crime. O sujeito não se conformava nem com os pequenos e nem com os grandes crimes. Não era justo, pensava ele, que os criminosos fiquem impunes, enquanto os que cumpriam seus deveres, morais, ou eram envolvidos nas falcatruas sem nada dever ou eram considerados no mínimo panacas. O pior era que aqueles que agiam sem ética eram premiados, promovidos, elogiados pelos resultados. O sujeito não compreendia que a justiça que ele postulava era aquela de uma ética que não era a que melhor convinha à empresa na qual trabalhava. A ética da empresa era a dos delitos em nome dos resultados.

Depois de tantos anos trabalhando naquela empresa, o sujeito ainda não havia se convencido de que a ética da empresa é o lucro e que em nome dele qualquer coisa valia, desde que nada fosse escancarado e que não se tornasse tão terrível que não pudesse ser justificado. Aí é que entrava o justo. Mas, o justo justificado da empresa não era o do sujeito. O justo do sujeito não era exclusivo dele, é verdade, mas não era o que era e sim o que devia ser. Devia ser. O sujeito lembrou-se de alguma coisa kantiana que ouvira na faculdade. Não importa. Dirigiu-se à sala do seu chefe, disposto a falar tudo o que estava sentindo.

No caminho, seu pensamento construiu frases, emoções, verdades, ultimatos. Ao chegar à sala do chefe, pensou melhor. Pensou no emprego, na família que dependia de seu salário, nas dívidas que tinha. O sujeito sabia que não poderia mudar o mundo. Não sozinho. Deu meia volta e foi sofrer sua justa dor ética no cafezinho da cantina.

O "MESMO" E O "OUTRO"

"Onde eu estava quando me encontrei fora do eu-mesmo", perguntou-se G. entre um espasmo e outro, em um turbilhão de dúvidas absolutas. "Se para me compreender preciso sair de mim, se preciso negar o eu-mesmo para ser reconhecido como o Outro do Outro, onde estava o eu-mesmo? Como posso sair do que era para retornar a mim mesmo, agora como Outro, se eu mesmo já não tivesse sido Outro antes de voltar", questionou G. O paradoxo de um café turbinado, em que boiava a camada de nata fresca, fez desenhos circulares que rodopiavam em sua mente, assim como um carrossel de parque de diversão. "Para sair de mim e ser-outro o eu-mesmo precisava estar já instalado em mim e não poderia estar ali se não fosse reconhecido como um ser-outro. Então, como pode o eu-mesmo sair de si para ser-outro se para ser um eu-mesmo necessitava já ser-outro?" continuou G. a se perguntar. "E como pode o eu-mesmo perguntar de mim sobre quem sou se para isso preciso sair de mim e negar o quem sou, o eu-mesmo?" insistiu G.

A nata dissolveu-se no café quente. "O eu-mesmo e o ser-outro se fundiram? Mas há partes de ambos que não se misturam? O eu-mesmo e o ser-outro são um único ser, que não se fundem totalmente?" perguntava G. com insistência. Café e nata como que se amalgamaram e gotas de gordura boiavam douradas sobre a mistura. G. olhava para a xícara. "O café está aqui, mas não é mais apenas café. A nata está aqui, mas também não é só nata. Além do que, há uma parte da nata que não se funde com o café. É, assim, como se o eu-mesmo e o ser-outro se misturassem e como se elementos que caracterizam o ser-outro se recusassem a se submeter ao acordo do eu-mesmo com o ser-outro, decretando seu lugar independente" deduziu G.

"Para ser quem sou preciso negar a mim mesmo, sair de mim para a coisidade, buscar o ser-outro, de forma a retornar a mim mesmo para ser outro eu-mesmo. Um eu-mesmo que já não é mais, agora, o eu-que-era, mas o eu-que-sou que retorna a si do mundo da coisa, do reino do ser-outro", suspirou G., enquanto sorvia um gole de café com nata não totalmente assimilados. "Mas houve um momento em que o café era café e a nata era apenas nata. Antes de ser apenas nata, era leite e antes de ser leite era..." pensava G. se deixando levar até a forragem de capim. "Então, quando foi que o simples eu começou a ser o eu-mesmo que já não é mesmo o eu"? perguntou G. "Como eu poderia ter me tornado um eu-mesmo se eu mesmo não era eu e eu-mesmo", tornou G. já no último gole de café com nata que continuavam não totalmente assimilados.

G. dirigiu-se à pia, lavou a xícara e a colocou no escorredor para que secasse por si mesma. Ao passar pelo espelho da sala parou para olhar a si mesmo. Seus cabelos, seus olhos, seu rosto. Sentiu que olhava a si mesmo como se fosse outro. Por um momento, considerou que não se reconhecia como si mesmo e que aquele ser no espelho era um ser-outro que não ele mesmo. "Esse que eu vejo não parece em nada com o eu que sou", pensou G. "Ou será que o que acredito que sou não é o que realmente sou, porque não sou eu-mesmo quem pode me reconhecer como eu que de fato sou?" perguntou-se G. olhando fixamente para aquele desconhecido que refletia a imagem de si mesmo. "Quem é esse-aí que não é eu-mesmo se eu mesmo não o reconheço como eu-mesmo?" pensou G, que ficou admirado ao notar a mão que se movia por si mesma alisar os cabelos daquele esse-aí. "Se esse-aí é eu-mesmo, como eu mesmo me surpreendo ao não o reconhecer?" questionou G.

Perdido em devaneios, G. se sentou no sofá da sala. "Se eu-mesmo sou aquele-ali do espelho, que ali permaneceu como um ser-outro, o qual não é outro que não eu-mesmo, então, existem dois eu-mesmos? O eu-mesmo que sou eu e o ser-outro que não é outro senão eu-mesmo?", perguntou G. agora rodopiando em dúvidas constitutivas. "Seria o eu-mesmo o ser-outro de mim mesmo, de tal maneira que o outro sou eu e eu, de fato, sou outro? Mas como posso ser outro se o outro para ser um si mesmo precisa que eu-mesmo o reconheça como o outro de mim ao mesmo tempo em que eu para ser eu-mesmo preciso que o ser-outro me reconheça como eu mesmo enquanto outro de si?". G. ajeitou-se no sofá. Seu ser-outro, enfim, adormeceu. Mas seu si mesmo continuou ativo. Agora, em sonho, esse ser-em-si inconsciente.

A IDEALIZAÇÃO DO OUTRO

"Professor, gostei muito de sua palestra", disse o repórter. "Obrigado", respondeu o professor. "Sou do jornal *A Ciência em Dia*, aqui mesmo da escola, e gostaria que o senhor pudesse resumir sua palestra para que possamos divulgar suas ideias. Pode ser?" insiste o repórter. "É difícil, porque é um tema muito complexo, mas posso tentar. Quero chamar a atenção, no entanto, para o fato de que este resumo corre o risco de ser mal interpretado, porque ao omitir detalhes a gente sempre corre o risco da superficialidade e da generalização" disse o professor. "Colocarei esta observação no texto" garantiu o repórter.

"Muito bem. Então o que posso dizer é que a neurose é uma condição propriamente humana e se apresenta na forma de uma ruptura interna do sujeito. Ruptura entre o que ele desejaria que fosse segundo a moral social que é aquela que ele alimenta, e o que o inconsciente lhe provoca, que lhe parece imoral e que sua consciência se esforça por negar, porque é indecoroso e se contrapõe às convenções. Na realidade, este conflito opõe o que o sujeito é com o que ele gostaria de ser". O repórter não entendeu nada, mas fez de conta que acompanhava o raciocínio, balançando a cabeça afirmativamente. O professor sentiu-se à vontade diante da concordância e soltou sua teoria.

"Percebendo sua condição neurótica e entendendo que se trata de um problema único e pessoal, o sujeito busca encontrar fora de si a figura da unidade entre o ser e o sentir, idealizando no outro a existência dessa relação harmônica. Assim, projeta a afirmação de seu inconsciente (do imoral, do indecente) negando-o no outro, o qual assume, então, o caráter da integridade. A idealização do outro, deste sujeito projetado sem conflitos, cria a referência à qual se deve perseguir e ao mesmo tempo a frustração por não ser capaz de atingi-lo".

"Entendo", disse o repórter. "Mas, para ajudar nossos leitores, o senhor poderia dar um exemplo, professor?", interveio o repórter, ainda sem ter qualquer noção do que se tratava.

"Sim. É o caso, por exemplo, do casal idealizado, aquele em que os parceiros se completam inteiramente segundo a projeção. A idealização de tal casal assume tanta importância na vida do sujeito neurótico, que a sua dissolução é inconcebível. É assim não porque o casal não possa vir a se desfazer ele mesmo ou porque não tenha também seus conflitos e limitações humanas, mas porque ele não pode se desfazer no imaginário idealizado do sujeito da neurose. Ao reconhecer que sua vida de casal é permeada de contradições, de desejos escondidos, de vontades negadas, de instintos de prazer desmentidos, o sujeito da neurose, diante da moral social e de suas crenças, busca construir um modelo de referência que ele julga possível servir de espelho. O espelho quebrado é o desastre da projeção".

Essa última parte do espelho quebrado o repórter entendeu. "Por que isto ocorre?", retornou o repórter não entendendo lhufas do que foi dito antes da parte do espelho quebrado.

"Bem, a questão que subjaz a este estado de idealização do outro é o não reconhecimento desse outro como um ser do desejo, como portador da condição humana. Os desejos inconscientes são desagradáveis e o sujeito prefere não os conhecer ou igualmente prefere construir um mundo imaginário em que tais desejos não existam. Como esse mundo não pode ser o seu, que é um mundo real e penoso, é preciso projetá-lo fora de si, em outro sujeito, criando a ilusão de sua existência. A negação da pulsão de morte e a afirmação de uma permanente pulsão de vida no outro é também uma forma doentia de lidar com os conflitos da sua própria existência. É uma forma de negação de si mesmo e de sua condição humana. O que o sujeito repele rigorosamente para si em função da moral social e de suas crenças, embora reconheça que seu desejo inconsciente e indecoroso se faz presente nele, rechaça no outro. Entretanto este outro é, para o sujeito da neurose, desprovido de conflitos, de impulsos inconscientes, de sentimentos indecentes, enfim, desprovido de erotismo, de desejos, de humanidade".

"Desculpe minha insistência" aduziu o repórter agora mais perdido do que nunca. "Mas o senhor poderia dar outro exemplo para nossos leitores?"

"Claro. Assim, por exemplo, o ídolo (da música, da política, do esporte) é um sujeito sem correspondência na vida real, um sujeito que não se pode imaginar satisfazendo necessidades propriamente humanas. Você por acaso já pensou em seu ídolo sentado no vaso sanitário fazendo suas necessidades?" "Eu não" disse o repórter, que havia entendido esta parte porque correspondia à sua prática diária. "Pois então", seguiu o professor. "O ídolo é um sujeito do encanto permanente, um ser de virtudes. O outro projetado idealmente não tem segredos ou dificuldades. Este outro jamais experimentou aqueles momentos críticos que instalam no inconsciente um problema que precisa ser negado. Este outro não tem medo ou defeitos, é alguém que tudo sabe, alguém purificado, porque não se pode projetar o outro desagradável, mal-humorado. As projeções idealizadas se edificam porque em geral os indivíduos se afastam do que é perigoso, difícil, ruim, desgostoso, irritante".

"Desta forma" continuou o professor, "os conflitos entre o que é moralmente aceito pelo consciente e os desejos imorais do inconsciente resultam na repressão do segundo por parte do primeiro. Uma interdição do consciente sobre as manifestações do inconsciente. Entretanto, a repressão dos desejos, a restrição do que é considerado indecente, opõe-se à luta pela liberdade, pela realização, fazendo com que o sujeito se desentenda consigo mesmo, com sua totalidade. Quando tal conflito não é necessariamente claro para os sujeitos, quando não é totalmente consciente, a neurose se instala. Ao não conseguir reconhecer em si a existência dos desejos inconscientes, dos seus problemas e de suas fraquezas, o sujeito foge do enfrentamento entre ele mesmo e suas convicções morais".

"Por que isto acontece?" questionou o repórter na única forma que lhe pareceu possível para continuar a entrevista.

"Acontece porque para dar conta do recalque dos desejos, para suportar sua existência, para rebaixar seu lugar na hierarquia da vida, o sujeito da neurose precisa construir a ilusão de que em algum lugar existe o outro ideal, o casal ideal, o grupo ideal, enfim, o lugar do não conflito onde se pode chegar renunciando a si mesmo como ser do desejo. Nem é preciso dizer que a negação dos conflitos se transforma em tramas contra si mesmo (popularmente conhecida como "tiro no pé"), em auto-ódio, em autopunição, em somatizações de todos os tipos que se manifestam em adoecimentos físicos e mentais. Tudo o que é reprimido hoje irá aparecer algum dia em algum outro lugar naquilo que o sujeito tem de mais vulnerável".

"Hum!!!" murmurou o repórter.

"A recusa em aceitar a existência em si das pulsões de vida e de morte, do lado iluminado e sombrio, da solidariedade e da perversidade, também faz com que o sujeito transfira para o outro, colocando fora de si, tanto as responsabilidades sobre as atitudes desagradáveis que toma, como a repressão que exerce contra si mesmo ao se negar como sujeito. Eis que a insuportabilidade dos conflitos impele o sujeito à projeção idealizada do outro imaginário".

"Professor, desculpe minha ignorância [finalmente admitida], mas tudo estaria relacionado a esta moral social a que o senhor se refere?" perguntou o repórter, já se achando parte da conversa. "Não somente" respondeu o professor. "A moral social que a tudo regula e que, em certa medida, ordena a vida coletiva, não representa a totalidade do juízo moral que o sujeito desenvolve. Relações amorosas que não encontram respaldo nos atributos normativos da sociedade podem ser julgadas indecentes pela própria sociedade. Mas o que realmente impulsiona o julgamento moral não está plenamente contido nos estatutos legais, já que a eles se agregam a moral religiosa, as crenças e os valores particulares. O julgamento sobre as atitudes do outro, sobre o que e como este age, jamais leva em conta os sujeitos da ação, seus desejos, suas fraquezas, seu inconsciente, sua motivação, pois o que está em causa é o emblema da projeção imaginária. É contra a idealização que se estabelece o julgamento moral. Como a idealização se encontra sempre fora do sujeito da neurose, será sempre o outro a ser julgado; não pelo que o julgador reconhece como uma atitude que se encontra em si mesmo e que ele nega, mas pela atitude que não corresponde àquela por ele projetada e que despedaça sua idealização. É a si mesmo que o julgador condena ao condenar o outro idealizado".

"Sei!" balbuciou o repórter.

"Resumindo, a idealização do outro pertence a Eros, à harmonia, à união. A idealização colocada sobre a realidade negada corresponde à frustração, à destruição, à dissolução do imaginário, a Thânatos. Este é o conflito elementar que o sujeito da neurose nega".

Tentando ainda parecer que compreendia o teor da entrevista, o repórter fez uma observação que ao final se transformou em pergunta: "Mas, professor, a gente costuma ser julgado por coisas das quais nem se sente culpado. Não seria isto?"

"Sim", respondeu o professor. "Muitas vezes as pessoas são julgadas com base em um preconceito ético ou moral, ou seja, em um conceito de ética e moral restrito a um grupo ou a um sujeito. Conceito este que sustenta o imaginário deste grupo, a idealização elaborada para esconder seus próprios atos não éticos ou imorais. Julgar o outro pode esconder o si mesmo".

"Muito obrigado", finalizou o repórter, já se livrando do professor. "Acho que vai ficar muito bom", concluiu. "Assim espero", disse o professor já cercado por alguns admiradores que aparentemente entendiam mais do assunto. Mas só aparentemente.

CARÊNCIA AFETIVA: A LIBIDO

Era fora de temporada e a praia, ainda com um sol de fim de verão, estava vazia. Estávamos em um grupo de amigos, conversando abobrinhas, até que veio à tona o assunto da atração sexual. De repente, um deles, levantou-se da cadeira de praia, olhou para nós e desandou a fazer um discurso, que tento reproduzir aqui. Disse ele:

O principal problema da humanidade desde sua gênese é o da carência afetiva ou, em sua versão psicanalítica, o da libido. A cobra e a maçã simbolizam perfeitamente esta relação. A cobra oferece a cobiça pela maçã, ou seja, o desejo libidinal mais primitivo e mais prazeroso. Puro sexo, puro prazer. Desde esta gênese bíblica até os dias atuais este continua a ser o tema central da vida, não importa se se trata de cobra com maçã, de maçã com cobra, de cobra com cobra ou maçã com maçã. Os sites de relacionamento tornam cada vez mais explícitas as ofertas que cada um faz de si mesmo. Fotos e mensagens insinuam a vitrine em que as mercadorias são expostas.

São formas especiais de mercadoria, pois podem ser vendidas e compradas sem que se precise produzi-las. Pode-se entrar em sites de relacionamento e ver milhares de cobras procurando maçãs, maçãs procurando cobras, cobras procurando cobras e maçãs procurando maçãs. Isto quando não tem cobra procurando maçãs e cobras e maçãs procurando cobras e maçãs e por aí adiante. O afeto está sendo banalizado. Não importa se cobra com maçã ou cobra e nem se maçã com cobra ou maçã. Não importa o tipo de relacionamento, mas se ele é ou não mantido pelo afeto e pelo amor. O que hoje importa decorre da banalização do afeto e da relação.

O paraíso perdeu seu romantismo. O melhor relacionamento é aquele que dá resultados imediatos, que atende necessidades passageiras ou de curto prazo. Cobras e maçãs estão interessadas principalmente em companhias da qual possam tirar proveito para suas demandas prementes e com prazo de validade do tipo one way: *usou, joga fora.*

Com cada um cuidando de si e do seu prazer, com cada um tratando de seu umbigo racional, o romantismo virou matéria do Jurassic Park. Dizem até que Spielberg vai fazer um filme sobre o romanticossauro, um ser pré-histórico que quer beijar na boca aquela atriz que faz o papel principal, e que acaba sendo morto pelo mocinho da razão com uma pistola de indiferença. Um filme que, certamente, não irá derramar lágrima nenhuma na plateia, mas que pode ser um sucesso de bilheteria e referência permanente nas baladas de sextas à noite.

Ficamos todos mudos. Nosso amigo voltou a sentar-se na cadeira de praia como se nada tivesse acontecido. Abriu a geladeira portátil. Pegou uma cerveja e ficou fitando o horizonte. Ficou aquele clima de "não sabemos o que estávamos fazendo ali". Um por um, fomos levantando, cobras com maçãs, maçãs com cobras, para tomar um banho de mar, especulando sobre onde estavam as cobras com cobras e maçãs com maçãs. Nosso amigo nem se mexeu e não entendemos, até hoje, se ele era cobra, maçã, jacaré ou abacate.

DE QUE É FEITA A VIDA?

O braseiro da churrasqueira estava no ponto. Fatias generosas de picanha com sal grosso foram colocadas na grelha. O cheirinho típico de churrasco de domingo logo se fez presente. Até que alguém resolveu soltar uma frase de efeito dizendo "a vida é bela". Foi o que bastou para iniciar uma discussão motivada por caipirinhas e cervejas abrigadas em estômagos ainda vazios.

Pedro, que já estava para lá de Marrakesh, não se aguentou: "*A vida é feita de escolhas, conscientes e inconscientes. Há um conjunto de fatores, dos mais simples aos mais complexos, que se relacionam dinamicamente e que interferem e condicionam as escolhas. Existem fatores internos e externos que dependem do sujeito e que estão sob seu controle e fatores internos e externos que independem do sujeito e que não estão sob seu controle. Todos estes fatores se inter-relacionam permanentemente de um modo que muitas vezes os sujeitos não compreendem, não alcançam ou não têm deles consciência. Todas as escolhas, independentemente de sua condição consciente ou inconsciente e dos fatores que as condicionam, representam um esforço e possuem um custo, um preço, um valor que se paga por elas. Não se trata de uma troca mercantil, mas de consequências derivadas destas escolhas*".

"*É*", completou Márcia com seu olhar de pós-graduação, "*às vezes são escolhas simples, como a escolha de um alimento, a decisão de ir ou não a um evento, a opção de seguir por um ou outro trajeto. Às vezes são escolhas difíceis e com consequências complicadas, como a mudança de um emprego, o rompimento ou o estabelecimento de uma relação amorosa. Outras são escolhas impostas por circunstâncias que o sujeito jamais se colocaria, como a que se é instado a fazer diante de um caso grave de doença própria ou de uma pessoa com que se tem uma forte ligação emocional, em que as escolhas entre as alternativas de tratamento apresentadas são todas muito difíceis. Em qualquer caso, concordo que há um custo social e emocional envolvido. Das mais simples às mais difíceis, cada escolha coloca o sujeito diante de alternativas que não teria se houvesse tomado outro rumo ou se as circunstâncias fossem outras".*

Pedro, já se atracando com outra caipirinha, retomou o controle da discussão. *"Estas alternativas impõem escolhas que direcionam a vida para novos caminhos e, portanto, para novas escolhas, em um encadeamento sem fim. Não há volta sobre o que passou. Não há como alterar as escolhas e mesmo que se retome o rumo de escolhas desejadas, mas não feitas naquele ponto da história, o sujeito já não é o mesmo, as condições não são as mesmas e a vida já estabeleceu outras tantas relações que não estavam presentes naquele ponto. O sujeito pode se arrepender de sua escolha e rever sua opção retomando aquela que havia afastado de si ou abandonado, mas o caminho jamais será o mesmo".*

"Gostaria de ter ou não ter feito isto ou aquilo" disse Márcia. *"É que há um momento em que as agruras e os desejos colocam para o sujeito um imaginário em que teriam sido possíveis outras escolhas"* completou Pedro. *"Gostaria de não ter me casado tão cedo"*, disse Marina entrando na discussão. *"Mas se não tivesse casado tão cedo não teria os filhos que tem e o prazer de tê-los"* aduziu Márcia. *"Não há escolhas melhores ou piores, apenas escolhas e suas consequências"* interveio Pedro, que continuou: *"Por maior que seja o arrependimento, por mais dramáticas que tenham sido as consequências, há sempre uma transformação que, enfim, até permite ao sujeito refletir criticamente sobre suas escolhas, avaliá-las e estabelecer outras condições de vida".*

"Acho" disse Marina, *"que sempre se aprende com as escolhas, mas não há nenhuma garantia de que este conhecimento adquirido a partir delas conduza o sujeito às escolhas que ele entende como acertadas, mesmo porque o julgamento objetivo e subjetivo do que é acertado ou não também foi proporcionado pelas condições de vida decorrentes de suas escolhas. Nesse sentido o problema das escolhas é, enfim, o preço que se paga por elas. Algumas vezes o custo das escolhas é insignificante diante das consequências, outras vezes o valor é muito alto, difícil de pagar ou mesmo de simplesmente diminuir. De fato, há aqueles preços irrisórios*

ou mesmo vantajosos, fruitivos, diante das consequências, como se os resultados das escolhas fossem um bilhete premiado".

"Entre os mais altos", continuou Pedro, *"o maior de todos os preços é, sem dúvida, o sofrimento que fere fundo, que atinge as regiões mais sensíveis dos sentimentos, que coloca as feridas da alma ardendo em carne viva. Um sofrimento que comprime e faz doer o peito, que desequilibra o estado neurovegetativo, que enfraquece física e emocionalmente, que desanima e que tira o sentido da vida, enfim, que mata. A morte física coloca um ponto neste sofrimento, mas a morte emocional é cruel, perversa, insidiosa, porque age por dentro, como um inimigo na trincheira que todos os dias atira pelas costas".*

O resto de nós só estava pensando na carne da churrasqueira, que não estava viva, mas que cheirava deliciosamente.

"Contudo", disse Márcia, *"sejam quais forem os preços ou as vantagens obtidas, não há como deixar de pagá-los, porque não há escolhas sem consequências e não há consequências plenamente boas e corretas ou inteiramente ruins e equivocadas. Escolhas são opções determinadas por diversos fatores e mesmo que fazer escolhas seja selecionar, entre as alternativas que a vida permanentemente coloca, aquelas que apresentam maior condição ou possibilidade de gerar satisfação e de proporcionar maior qualidade de vida, não há como ter qualquer tipo de domínio sobre as inevitáveis consequências. Uma vez feita a escolha, resta olhar em frente com a experiência da história e saber viver com ela e com as escolhas que ela desencadeia".*

"Sim", disse Pedro, *"a concepção segundo a qual as escolhas devem ser racionais, refletidas e planejadas, com avaliação das possíveis consequências, é pretensiosa e objetivamente equivocada, porque assim que a escolha for feita, todos os fatores que dela decorrem, mesmo aqueles esperados, colocam em jogo elementos novos que sequer poderiam ter sido considerados na avaliação original, que deu início ao processo gerador de consequências".*

Foi então que decidimos que já era hora de saborear aquelas fatias generosas de picanha, de forma irracional, irrefletida e não planejada, sem nos preocuparmos em avaliar as consequências.

E assim que nossa escolha foi feita, os elementos nada novos nos mostraram que quem vai a um churrasco para se divertir, aproveita o churrasco e que aqueles que discutem o processo gerador de consequências comem o que sobra. Afinal, escolhas são escolhas e têm consequências.

O AUTOBOICOTE

Estava passeando na feirinha do Lago da Ordem, em pleno domingo, apreciando o artesanato local e pensando na vida quando um sujeito me entregou um livreto. "Estou divulgando meu pensamento" disse ele. Só um real. Comprei. Sentei-me na mureta da fonte do Cavalo Babão e me pus a ler.

"A consciência do sujeito deve corresponder aos dados da realidade, ainda que tal realidade seja fruto de uma interpretação precária. Porém, se tal consciência não corresponde em nada à realidade vivida, à realidade histórica do sujeito autônomo, é porque este sujeito possui uma consciência afastada de si mesmo, alienada de si. Assim, se o sujeito organiza sua vida em torno de expectativas de conduta ou de avaliação do outro sobre si, é porque ele abandonou em sua história de vida sua própria ontologia. Desta forma, o sujeito vai se dedicar a viver em torno do julgamento do outro, do reconhecimento de si pelo outro, da aprovação de si pelo outro, abandonando a si mesmo exatamente pelo outro. É certo que o outro é aquele que permite que o sujeito se reconheça a si mesmo como o outro do outro, mas não pode ser aquele que ocupa o lugar de si, transformando o si mesmo do sujeito no outro, de forma que o eu é o que o outro aprova, é o que outro reconhece, o que o outro aprecia, isto tudo, é claro, no imaginário do eu.

Então, penso eu, por que o sujeito se esquiva do convite de ser um si mesmo? Por que o sujeito age contra si mesmo, sabotando-se, minando seu próprio eu? Em primeiro lugar, é preciso entender que o autoboicote, a autossabotagem, é inconsciente, é uma atitude automasoquista ou de auto-ódio, porque se for uma atitude consciente é uma patologia material. Não é disto que quero tratar aqui. O autoboicote é decorrente de uma estrutura que formaliza o sujeito em um tipo de convicção plena de prepotência ou de um modelo de ação que remove o sujeito de si mesmo, privando-o de si, fazendo-o portador do julgamento do outro. O sujeito arruína-se a si mesmo, anula sua vitalidade essencial, age contra si, em uma forma inconsciente de organização autodestruidora. A destruição pode ser impetrada pelo outro, mas seu sucesso decorre do modo como o sujeito atribui ao outro um lugar dominante, abdicando da luta antes de lutar.

Boicotar a si mesmo é causar um dano que só é percebido depois de acontecer, quando o sujeito se dá conta de como manobrou contra si. O que era para acontecer já estava escrito na estrutura psíquica do sujeito, pois as escolhas estavam em muito antecipadas pelo modo como tal estrutura foi sendo construída. A consciência da antecipação é que não está resolvida, porque o autoboicote é uma obra perversa do inconsciente.

O inconsciente organiza um projeto de boicote a partir de um modelo primordial, desenvolvido exatamente nos primeiros momentos da constituição do sujeito como sujeito. Tal projeto vai aprimorando formas elementares de justificativas, álibis, engodos, falsos prazeres, com o que estimulam o sujeito a agir contra si. O resultado do autoboicote dói para o sujeito quando este o percebe, ainda que superficialmente. Mas, exatamente por não saber lidar com o autoboicote o sujeito procura negar sua existência, mas só alcança tal negação no plano discursivo, pois a marca do processo está registrada nele, no seu campo emocional e físico. O processo do autoboicote inclui o desenvolvimento, pelo inconsciente, de um esquema de autojustificação que atua sobre uma pulsão de morte em um terreno no qual o sujeito iludamente acredita ter domínio.

Trata-se de uma dupla estratégia de promover o prejuízo de si, ou seja, fazer o sujeito acreditar que tem um controle sobre certa área da produção da pulsão de vida e de morte e, ao mesmo tempo, autojustificar a escolha pela pulsão autodestrutiva. O sujeito não atua sobre o outro, não atua para destruir o outro, mas a si mesmo e é assim que consegue afetar o outro que está unido a ele em laços de afeto, amor, amizade e confiança.

O sujeito comete o autoboicote para gratificar uma motivação imaginária, um falso prazer que aparentemente lhe faz bem, mas que de fato desloca para fora de si mesmo seu projeto de vida, projeto este que acaba sendo sacrificado pela ilusão de um momentâneo e passageiro gozo narcísico. Isto porque habita no sujeito sua luz e igualmente sua sombra, seu projeto de vida desenvolvida e sua própria decadência. A projeção imaginária da remoção daquilo que não é aceito pelo sujeito, é frágil, porque a estratégia da recusa não elimina aquilo que está contido no sujeito de modo inconsciente. O sujeito não pode remover uma parte de si. O que aparentemente é removido torna-se um assassino cheio de artimanhas e espertezas que se volta contra o sujeito para eliminá-lo e ao seu projeto de vida, reforçando o modelo psíquico que permite e autoriza o autoboicote.

Ao invés de remover o que não é aceito, o sujeito precisa assumi-lo e enfrentá-lo, filtrar seus impulsos, colocar seu fantasma sob a luz de si, pois como todo fantasma, este também foge da luz. O fantasma alimenta-se do não saber, da desinformação que é, na verdade, uma informação parcial selecionada pelo inconsciente de acordo com as convicções que sustentam o modelo de ação autodestruidor. A desinformação ilude, oferecendo a aparência necessária para o sujeito prosseguir no processo de autoboicote. A desinformação é, de fato, uma informação que gratifica o autoboicote, pois oferece a convicção de que a realidade vivida é tal como parece ser, induzindo o sujeito a escolher seu próprio fracasso de acordo com a projeção imaginária da possibilidade de compensar as perdas autodestrutivas com sua negação ou com o silêncio sobre elas. Ao final, as atitudes do sujeito se conformam ao fracasso desejado, embora não assumido.

A realidade vivida oferece muitas pistas, apresenta vários indícios de que as atitudes levarão às perdas, ao fracasso, mas o estereótipo primordial vai impregnando uma estrutura psíquica na qual o sofrimento passou a ser caminho seguro para a atenção afetiva, para a consideração de si como um sujeito de afeto. Estar em uma situação de dor passa a ser, em sua estrutura psíquica primordial, uma vantagem na obtenção do afeto e este modelo acompanha o sujeito em toda sua vida, de forma que sofrer torna-se a chave para obter a primazia da atenção, a atribuição de importância nas relações, pois é através desta chave que o sujeito se habilita a abrir o cofre afetivo da sua história materno-infantil. A própria sociedade incentiva este estereótipo diariamente, valorizando os crimes, as desgraças, as torturas, as traições, os roubos, os assaltos, os acidentes, as doenças e as carências depressivas. O modelo de autoboicote é, então, socialmente reforçado.

A figura do perdedor, do humilde, do inferior, do injustiçado, é atrelada à condição de ser o primeiro a receber as graças divinas, a benção, a glorificação. Assim, o ambiente do autoboicote é alimentado baseado na crença de que quem é o último será o primeiro em um lugar e em um tempo futuro e desconhecido. Porém a realidade mostra que quem busca o último lugar vai alcançar exatamente o último lugar e lá ficará. Se o sujeito não respeitar a si mesmo, não amar a si mesmo, não lutar por si mesmo para ser o primeiro para si, será sempre o último tanto para si como para o outro. Assim, quatro problemas se colocam ao sujeito:

i. *Na interpretação dos outros sujeitos, há sempre uma diferença entre o que o sujeito é e o que parece ser. Há aqueles que têm uma grande vitrine e isto é tudo o que ele possui. Há os que têm mais estoque que vitrine e tudo o que possuem é mais rico do que o que mostram. Aquele que realmente tem uma riqueza interna não precisa mostrá-la, porque ela será reconhecida por aqueles que merecem ter acesso ao estoque. Muitos não conseguirão ver esta riqueza e isto pode preocupar o sujeito por não ser reconhecido. Mas aqueles que não vêm são os que não merecem ver;*

ii. *Há ainda os que invejam os donos de riqueza interior. Quanto mais fracassado é o sujeito, mais ele tenta compensar seu fracasso desvalorizando o sucesso do outro, tentando eliminar o outro de forma a sofrer menos com seu próprio insucesso. Quanto menos pessoas felizes e bem resolvidas existirem, menos os fracassados se sentirão fracassados, daí a necessidade destes em eliminar a pessoa feliz, em diminuir e menosprezar o sucesso destas;*

iii. *O sujeito inteligente deve procurar a realidade em si mesmo a partir das relações que ele construiu com a vida, com os outros, com a sociedade e nunca a partir do outro sujeito, da vida do outro, da interpretação do outro. O outro pode conter a autossabotagem de si.*

iv. *O sujeito deve, para sua saúde emocional e física, manter interações pessoais e sociais com sujeitos com quem possa ter relações de afeto, de respeito, de genuína admiração. O sujeito que não cuida de si, de sua integridade, é exatamente aquele que pratica a pior forma de autoboicote, é aquele que é perverso consigo mesmo. Onde quer que o sujeito esteja, lá também estará tudo o que pode ser bom e o que pode ser ruim".*

    Terminei a leitura. Depois de pensar muito, continuei pensando em pensar mais. Será que isso não tem fim?

MEFISTO

Mefisto se apresenta como o portador da nova-velha ordem, com seu discurso sedutor. Assim, aposta que irá conduzir todos os Faustos ("criaturas mal construídas, divididas entre o instinto animal e racional") pelo seu caminho. Os Faustos, mesmo conhecendo os horrores do inferno que Mefisto representa, são seduzidos pelo discurso de um novo tempo, de um paraíso imaginário.

Mefisto encarna a missão de satisfazer os Faustos e de conduzi-los pelo mundo. Os Faustos, em suas buscas pelo novo, apostam que Mefisto jamais conseguirá seu intento de impor o obscurantismo, a violência, a ditadura, a exclusão social, a negação de suas liberdades, pois mesmo no inferno haverá de prevalecer a Constituição e a observância das proteções legais.

Satisfeitos com suas crenças, os Faustos proferirão seus votos, recusando-se a aceitar que "não há coisa mais prejudicial a uma nova verdade que um velho erro." (Goethe).

A VEZ DOS DRAMATURGOS

Já não há mais nada surpreendente no reino. O usurpador real e seus vassalos são tão óbvios nas traficâncias que a plebe ignara, orientada pela Vênus de platina, abandona o amarelo das casas e desdenha o ruído dos utensílios metálicos caseiros. Pretensos ativistas jazem inertes sobre conceitos seculares buscando relações em lugares nos quais elas não existem, como saudosistas do imaginário. Patos arrependidos vagam sem rumo nos becos sem saída, enquanto a quadrilha escolhe, faceira, seus algozes. Carruagens adesivadas de apoio à pilantragem desfilam pelas vielas do burgo. Azedos escribas veem esgotadas suas postagens criativas a favor do monarca, há muito nu. Nem mesmo a dialética de Bertolt Brecht pode explicar a convivência relativamente harmoniosa entre o sol escaldante e a chuva torrencial, sintetizada na podridão lamacenta que invade a vida das casas.

"Aqui em se plantando tudo dá" diria Pero Vaz de Caminha, antecipando que tudo dá, inclusive que dá até o que não dá. Supostas arbitragens se fazem partidárias de um seletivo deleite, que escorre pelas veias das margens plácidas tal como um grito heroico e bravo das profundezas das araucárias. Alegres entusiastas dos movimentos do golpismo livre escondem-se nas cavernas da hipocrisia, ao abrigo do príncipe inspirador.

Tampouco Martin Essley poderia supor que o absurdo superasse o teatro deste. Mas um dia o castelo, assim como a casa, cai e os ratos perderão seu abrigo. Será a vez dos dramaturgos.

A DIVINA COMÉDIA

Insistindo (com toda ironia que ainda resta) na momentosa Divina Comédia, convém alertar que antes de se entrar no escolhido inferno político, deve-se deixar de fora toda esperança de sair dele sem luta. Não existe a tal da dialética mecanicista. São nove os Círculos de Dante a serem enfrentados:

O Limbo: lugar da mais completa escuridão, das mentes que não conhecem as palavras do mito e seus ensinamentos. Aqui ficarão os críticos de todos os matizes.

O Vale dos Ventos: a sala do julgamento, em que o juiz tomará a confissão, com base em delação premiada, e destinará os acusados a um dos nove círculos. Tudo começará na Vara de 1ª Instância.

O Lago da Lama: onde ficarão alguns dos que cometeram o pecado da gula (comeram mais do recurso público do que podem e não têm mais utilidade prática), presos na lama suja, arranhados, esfolados e dilacerados por um enorme cão político com apetite sem fim. Com o supremo, com tudo.

As Colinas de Rocha: em que ficarão os pródigos da classe média, cuja punição consistirá em rolar os grandes pesos que representam suas avarezas e que passarão os próximos anos a trocar injúrias entre si, com acusações mútuas por terem votado em A ou B. Não há, contudo, previsão de que os compadres serão presos.

O Rio Estige: lugar dos acusados de ira, empilhados em um lago de água e sangue borbulhante. Dizem que é o lugar dos que fizeram ou farão passeatas. No fundo, ficarão os rancorosos, que por não terem demonstrado nas ruas sua ira estarão proibidos de chegar à superfície e deverão se contentar em fazer postagens na mídia alternativa.

O Cemitério de Fogo: lugar dos hereges, que não acreditam na existência do mito e cuja punição será o sepultamento em túmulos abertos, de onde sairá o fogo que os queimará em fogueiras. São os esquerdistas. Dizem até que fazem parte de certa ideologia cultural.

O Vale do Flegetonte, que se divide em três: aqui ficarão os praticantes da violência (os "terroristas" e os bandidos). Para o primeiro vale (do Rio Flegetonte), irão os violentos contra o próximo (os bandidos que devem ser mortos). Na margem do rio ficarão os que atirarão setas nos que se erguerem (bandidos bons); no segundo vale (Floresta dos Suicidas) estarão os que praticaram violência contra si mesmos (os manipuladores do direito); no terceiro vale (Deserto Abominável), estarão os que praticarem oposição ao mito, nele devendo permanecer em um deserto de areia quente, estéril e sem vida (o exílio).

O Malebolge: dividido em 10 fossos, em que serão punidos (i) os sedutores, açoitados pelos demônios socialistas que os obrigaram a cumprir os seus desejos (os doutrinadores acadêmicos); (ii) os aduladores, os bajuladores, que embora tenham sido úteis nos fake news, ficarão de fora do butim e serão imersos em fezes e esterco (representando a sujeira que deixaram no mundo, resultado do proveito que tiravam dos medos e desejos dos outros e das falsas palavras proferidas); (iii) os simoníacos, enterrados de cabeça para baixo e com as pernas sendo queimadas por chamas (os não evangélicos); (iv) os adivinhos, que terão suas cabeças voltadas para as costas para não poderem olhar para frente (especialmente os comentaristas críticos); (v) os corruptos, que serão submersos em um lago de piche fervente (exceção feita, é claro, aos membros do grupo no poder, com destaque para os arrependidos); (vi) os hipócritas, que serão vestidos em pesadas capas de chumbo dourado (os cardosistas e pessedebistas em geral, mas não só); (vii) os ladrões (exceção aos que se apropriam do valor-trabalho), que serão picados por serpentes que os atravessarão e os desintegrarão (os não reeleitos e sem cargos); (viii) os maus conselheiros, os doutrinadores não acadêmicos, que serão envolvidos por infinitas chamas (os assessores fracassados); (ix) os que semearam a discórdia, a oposição (articulistas de oposição, articulistas de blogs críticos); (x) os falsários (que prometeram apoio ao mito, mas não o fizeram).

O Lago Cócite: tem um pavimento formado por gelo, onde estarão os traidores. Este círculo é dividido em quatro esferas: (i) Caína, onde serão punidos os que traíram seus parentes (os bloqueados nas redes sociais); (ii) Antenora, onde ficarão os que traíram a pátria (cogitaram ir morar em Cuba); (iii) Ptoloméia ou Toloméia, onde ficarão os traidores dos convidados para a festa (os que recusarem compor a base parlamentar); (iv) Judeca, onde ficarão os que traíram seus senhores e benfeitores (os mal-agradecidos). No meio da esfera está Lúcifer que com suas três cabeças prende de um lado Judas, e do outro Brutus e Cássio, responsáveis pela morte de Júlio (esta é ainda uma incógnita).

Acima de tudo, está a nação cheia de virtudes, formada por toda sorte espertalhões aplaudidos pela "plebe ignara". E "assim caminha a humanidade", tentando escapar do Inferno de Dante em direção ao Purgatório.

SOBRE A MENTIRA E A DOR

A mentira dói muito mais intensamente para quem mente do que para quem foi feita. Por maior e mais profundo que seja o arrependimento e por mais generoso que seja o perdão, a mentira permanece corroendo cada pedaço do espírito. E mesmo quando, por instantes, ela descansa ou se esconde em um canto qualquer, é fácil encontrá-la, bem lá onde foi feita.

A mentira não desaparece jamais, porque tem seu próprio mecanismo de se fazer presente. A mentira cobra seus preços e estes não são poucos. A representação metafórica mais contundente da mentira é a que sugere que quando se jogam penas de travesseiro pela janela do edifício, podem ser juntadas muitas delas, nunca todas. Assim é como acontece à mentira: sempre haverá uma pena não recolhida em algum lugar.

Quando uma criança sabe ou sente que fez alguma coisa errada, mente por vergonha ou por medo do castigo. Porém, quando isto acompanha o sujeito pela vida, aquilo que era um simples pecado original torna-se uma tormenta sem fim, um monstro sem controle, um fantasma sem sossego. Quanto mais o monstro se desenvolve, mais se desenvolvem os mecanismos de seu crescimento. A cada mentira feita, mais monstruoso se torna o monstro, porque a mentira não se encontra fora do sujeito, mas dentro dele.

A mentira conhece todas as fragilidades do sujeito, age em todas suas fraquezas, está presente em cada distração, atua com desenvoltura nas contradições, diverte-se com as armadilhas que faz, exulta sempre com as artimanhas que tentam escondê-la ou negá-la. Mas seu maior prazer é quando promove a dor insuportável de ser pega, de ser descoberta. É aí que ela se realiza plenamente. É aí que ela faz o que mais sabe fazer: machucar, torturar, destruir e matar.

A mentira é a negação da realidade ela mesma. Então, o que faz com que a mentira seja criada, alimentada e desenvolvida? Este é um mistério que talvez nem mesmo a mais competente das psicanálises possa desvendar totalmente. Mas a mentira não é imune à ação do sujeito que decide enfrentá-la. Toda mentira é derrotada pela realidade mesma. Assim, quando a realidade mesma, por pior que seja, é o guia fundamental do sujeito, a mentira nele não se desenvolve como psicose. Quando o sujeito quer de fato impedir que a mentira se manifeste, ou ele não faz nada do que possa provocá-la ou ele a enfrenta assumindo a realidade negada.

E o que é a realidade? É o fato ou sua interpretação? Este é um problema da filosofia e da ciência. Nas relações humanas, especialmente nas amorosas, a realidade mesma é tudo aquilo que pode e deve ser dito, é todo o ato que pode e deve ser assumido, porque ela é a única garantia da confiança e a confiança é um dos pilares que sustentam as relações propriamente humanas. As realidades mesmas que não precisam ser ditas são aquelas que machucam, mas que não fazem diferença, como quando se diz a um doente terminal que ele está bem. Esta é, de fato, uma mentira. As mentiras, como as realidades mesmas, são partes constitutivas de todo o sujeito, são próprias da condição humana e como tal existem no sujeito. Uma vida saudável é feita de realidades assumidas, mas também é feita de mentiras permitidas.

O DESAFIO DE EXISTIR

As circunstâncias impostas pela existência cotidiana, sejam quais forem, não se encontram nos anúncios prévios de suas ocorrências. Estar preparado para enfrentá-las ou para delas usufruir tem íntima relação com as formas com que se lida e se aprende com a própria existência. Trata-se da constituição mesma do desafio de existir.

Cada nova circunstância tende a ser menos surpreendente que as anteriores, mas isto não suprime a ocorrência das surpresas. Por isso, inobstante todos os dias atentamente vividos, todos os cuidados para não cair nas armadilhas das aparências, todas as reflexões elaboradas, ainda é possível se deparar com o que, até então, parecia incrível (exceto, é claro, para os céticos).

As surpresas parecem ser relativas: são, para uns, o que não são para outros. Porém, acreditar que todos já viram de tudo e que não há nada de novo no plano da objetividade e da subjetividade social, faz parte da ilusão alimentada pelo imaginário romântico e sonhador. A realidade é bem mais impactante.

Por mais que as surpresas sejam, com o tempo, cada vez mais raras, elas não cansam de se apresentar em toda sua exuberância e extensão. Às vezes para alegrar (aparentemente, mais raras), outras para decepcionar (atualmente, mais comuns). Tudo fartamente disponível nas redes de relacionamento, por onde quase todas as coisas fluem. Algumas, inclusive, de maneira surpreendente.

NEM TUDO É O QUE PARECE: CENAS CURITIBANAS

Bem ali, no Largo da Ordem, caminhava aquela senhora, com seus indefinidos badulaques. Ao seu lado o companheiro de aventuras. Na parede da passarela, um desenho do Paulo Leminski, com a frase "distraídos venceremos". À frente, a velha igreja, onde pretendiam renovar os votos de eterna e fiel companhia. Um simbólico unívoco, a representar as alianças que jamais usaram. Não olhavam para os lados, porque era preciso negar a presença dos inconvenientes acompanhantes, e nem para trás, porque o passado revelaria suas contradições.

Perplexos passantes observavam incrédulos aquele casal estranho caminhando em direção à igreja. No trajeto, um ator trajando vestes de Marambaia ensaiava um bolero para a matinê e oferecia um gorro de forma cônica aos transeuntes. A senhora, mais que depressa, vestiu a carapuça que lhe caía como luva. Seu companheiro, um tanto ausente das peripécias arrebatadoras, arrastava sua bolsa de quinquilharias, com remendos costurados sabe-se lá há quantos anos. Se havia algo que ali se evidenciava, era a incoerência de propósitos. Ela tomava jeito de uma crente no idílico paraíso bíblico. Ele esboçava um fenomenal sorriso de dissimulador do voto de castidade.

No vai e vem do Largo da Ordem, jovens de terno cinza, sorridentes, tramavam especulações sobre o destino de vítimas desavisadas. Encostada na parede lateral da igreja, uma jovem acendia um crack em um improvisado cachimbo e à sua frente um pretendente a pastor anunciava o fim do mundo. Nada disso importunava o casal, que seguia firme para o templo sagrado. Ela, vestindo sua carapuça e ele arrastando sua bolsa velha, ambos organicamente vislumbrando o altar. Uma cena cotidiana da Cidade Sorriso em dia de semana, desde que não chova e não faça frio.

No ar, certa melancolia, interrompida por enfadonhos propagadores de fé devotados ao culto do deus hindu em trajes laranja. O casal entra na igreja pela porta pintada de azul e sai, após um tempo, do mesmo modo que entrou. Se tudo fosse, principalmente seria, mas no cotidiano nada é o que parece ser.

COMO A VIDA

Alguns casais passeando de mãos dadas. Outros não. Jovens namorados. Adolescentes com suas diferentes bicicletas. Crianças indiferentes a tudo brincam na areia da praia. Pequenos cães alegres nas coleiras desfilam com seus donos na calçada da fama. Um homem sem rumo, cabelos brancos e só, caminha imerso em imaginações. Nuvens escuras logo se formam a oeste. Trovoadas. Chuva chegando, talvez. O homem sem rumo ruma à casa. De volta ao livro ou a um filme qualquer.

A distância é longa quando se vê as montanhas. Um vinho branco gelado talvez ajude a suportar a solidão. No espelho da entrada a imagem do destino que se recusa a reconhecer a concretude. Vento forte. Portas batendo em algum lugar. Máquinas de cortar gramas silenciam de seu frenesi. Montanhas desaparecem entre nuvens, mas não diminuem distâncias. O homem só se acomoda no sofá esperando o tempo: o livro jaz ao lado sem intenção de ser lido.

Uma saudade teimosa circula em rodopios sucessivos. Curtas mensagens relidas parecem monólogos sem sonoridade. Nuvens se movimentam rapidamente. A chuva parece desistir de manifestar seu conteúdo ou, quem sabe, apenas faça suspense para se apresentar. O homem se esforça para compreender seu lugar no mundo da vida. Troveja. É o único barulho além do som dos pensamentos.

Quadros tortos suplicam por endireitarem-se nas paredes. Uma ordem confusa conduz atos sem sentido. Esperanças, talvez, de mistério solucionado, de assunção do que não pode ser negado. Rimas que não se compensam. Troveja, mas a chuva ainda se faz mistério. Como a vida.

QUANTO MAIS, PRINCIPALMENTE!

Ao todo, eram mais de uma centena de conhecidos membros de uma quadrilha de bandidos, contraventores e corruptos. Alguns habitavam a casa da legislação, outros a casa dos julgamentos e outros, ainda, que frequentavam a casa da execução. Eis que sucedeu uma irreconciliável divergência sobre a distribuição do butim. Grupos organizados, interessados no domínio da Zona das Maracutaias, por onde vazavam os tesouros do reino, entraram em conflito sobre a partilha. Usurpadores contumazes, aproveitando as facilidades dos distribuidores de cartazes e dos bons moços globais, ressurgiram das cinzas e dos cemitérios onde jaziam. Nandos irrequietos, Zés do pé do morro, Dudus das impressões amoedadas, Rubinhos *buena gente*, Snows da Coca-Claudio, Geraldinos alquimistas e que tais, sob o evangelho da conspiração, diante do caos, surfaram na onda da lavagem seletiva do mouro da cidade que sorri e seus asseclas polifenóis, com apoio de delatores premiados pelas basófilas retumbantes.

Assim, com o suporte do Zorro das Araucárias, com suas vestais negras de metrossexual, a quadrilha investiu contra os sargentos García com base nos pecados assumidos sob tortura psicológica nos confessionários da igreja federal. O grupo dos invejosos, vendo o tesouro que acreditava que lhe pertencia por direito político ser apropriado por membros de uma facção da quadrilha, decidiu agir sob o beneplácito da plebe ignara. Foram-se para as calendas gregas aquelas famosas sobremesas de peras em calda acompanhadas de vinho do porto em um famoso restaurante do planalto central.

O príncipe da terra da garoa, montado em seu cavalo chamado Hipocrisia, desceu a Paulista na contramão até a Augusta Majestade, acompanhado por um séquito de imbecis de T. Shirts da seleção ao som de panelas Le Creuset, enquanto Geraldino autorizava a milícia a baixar cassetetes em jovens estudantes, à lá Betinho quinta comarca. Assanhados Paulinhos projetavam, pela força, a assessoria da abelha rainha das alterosas, essa ávida de tapetão. Apesar disso tudo, a vida não se alterou: formigas continuaram construindo formigueiros assim como cupins cupinzeiros.

Enquanto o cheiro fétido dos esgotos sobe pelas bocas de lobo, transeuntes alegres vão às compras natalinas e também adquirem frisantes para saudar o novo ano. Com sua vagareza, segue a lesma lerda seu caminho. E tudo permanece igual ao que sempre foi: a luta intestina pelo poder no comando da quadrilha. Como diria Poisé, até que meio quase não. Quanto mais, principalmente.

UTILIUS TARDE QUAM NUNCAM

Prezado Papai Noel. Ou devo dizer Santa Claus?

Nunca lhe mandei uma cartinha nestes quase 70 anos. Mas como está na moda fazer mimimi, de acordo com o temeroso de plantão, aproveito para lhe escrever. Aceitei compor com você uma chapa eleitoral de Natal, mas você nunca confiou em mim. Digo isso porque nunca me mandou seu endereço ou mesmo seu e-mail. Pois, queria lhe dizer que desde o começo estou muito magoado com você. Como meu aniversário é quase uma semana depois do Natal, você sempre me mandava um presentinho que valia pelo Natal e pelo aniversário. Assim, enquanto todos meus amigos ganhavam dois presentinhos, eu ganhava um. Você nunca gostou de mim. Você nunca entrou pela chaminé da minha casa que ficava bem em cima do fogão à lenha da cozinha. Quantas vezes ajudei a enfeitar o pinheirinho de Natal e você jamais me elogiou! Você não confia em mim.

Várias vezes me reuni com sua oposição, especialmente com o Coelhinho da Páscoa, tentando articular uma unidade programática nos bailes de Carnaval, e você não reconheceu meus esforços. Tentei ser educado com seus imitadores que ficavam fantasiados em frente das lojas e você nunca me disse sequer um obrigado. Você não gosta e não confia em mim. Fui ao extremo de tentar imitar você me vestindo igual para enganar meus filhos pequenos nas noites de Natal e você nem deu a mínima atenção. Ao contrário, deixou que eles percebessem a farsa identificando meu relógio de pulso.

Você me induziu a acreditar em sua reputação enquanto cometia pedaladas natalinas, que agora o Tribunal do Natal considera irregulares. Você nunca me convidou para passear de trenó. Você insiste em me dar presentes que eu não quero, como seus cabelos e barbas brancas e há anos tenta me dar sua barriga: afasta de mim este cálice. Santa Claus, lamento dizer, mas nós acabamos nos distanciando também política e ideologicamente. Você, a cada ano que passava, foi se vinculando ao consumismo do sistema de capital até se tornar o grande artífice da circulação de mercadorias e realização de valor excedente, enquanto eu acreditava ingenuamente que o Natal era um momento de confraternização. Você nunca confiou em mim.

Você perdeu até sua identidade histórica: sua roupa vermelha foi sendo substituída por roupas azuis e verdes, porque vermelho é cor de comunista. Suas renas deram lugar a caminhões da idiotice dos faustões dominicais. Você, hoje, nem sabe o que é chaminé. Lamento dizer, mas você não vai mais existir em minha lista de contatos. Vou deletar você. Vou lhe dar meu impeachment. Então, você pode me perguntar por que ainda lhe escrevo esta cartinha se quero me livrar de sua existência. É exatamente porque não quero mais fazer de conta. Você é como a lealdade e a fidelidade na política: todos falam de você, mas ninguém o leva a sério.

Então, Papai Noel (ou seria Santa Claus?), faz uma reflexão sincera sobre sua operação de lava-car e assume de vez sua postura de nunca ter confiado em mim. Não reclame se vou "impichar" você, com a adesão do Coelhinho da Páscoa, porque hoje me sinto como um vice, desprezado e isolado no Jaburu. Papai Noel, não me peça mais para apoiar sua política natalina. Para ser Franco, já tenho um programa alternativo para o Natal.

Essa cartinha é muito pessoal; então, faça o favor de não deixar vazar nas redes sociais.

Sinceramente,

Seu ex-vice ajudante.

O PÁSSARO E O BOLERO

Era para ser um dia como outro qualquer. Acordei cedo, como de hábito, fiz meu café da manhã: um pouco de leite morno e café forte. Duas fatias de broa integral com queijo Minas Padrão. Então, veio como uma incontrolável vontade de ouvir uma música. Não uma música qualquer, mas o Bolero, de Ravel. É um réquiem, sei disso. Porém, aquele desenvolvimento, que começa suave e quase inaudível e vai se intensificando com a companhia de vários instrumentos até sua apoteose, era exatamente meu sentimento. Sabia os acordes, de certa forma magistralmente repetitivos, e antevia cada novo instrumento que comparecia à orquestra e sua intensidade. Sempre que ouço o Bolero, de Ravel, sou tomado por uma inexplicável emoção. Há algo de mágico nessa música. E foi assim que um dia comum se fez outro.

O celular anunciou uma mensagem. Vi quem a enviara, mas não acessei o conteúdo. Não havia motivos para ler o que não queria. Qualquer que fosse o conteúdo seria um réquiem. O silêncio penetrou, impositivo, na sala, até que foi interrompido por um Canário da Terra que, inadvertidamente, pousou no beiral da janela. Fiquei imóvel, não apenas para não o assustar, como para observá-lo, em seu amarelo intenso, quase ouro, e ouvir seu canto, um trinado conhecido e forte. Quando o canário se foi, livre, solto, também me fui porta afora, em direção à praia.

Foi então que o que seria comum se fez diferente. Perdido, em passos sem rumo, apenas seguindo o que era de hábito, vi, no mar, algo se debatendo nas ondas. Era um pássaro branco, com pintas pretas, não exatamente pequeno, cuja espécie não reconheci, mas que lembrava uma gralha. Entrei na beira do mar, apanhei-o com cuidado e trouxe-o para casa com a intenção de levá-lo a um centro de biologia marinha. Sem saber exatamente o que fazer naquele momento, gentilmente coloquei gotas de água com mel em seu bico, que foram sorvidas aos poucos. Arrumei um pano e ali o coloquei na esperança que ele reagisse enquanto buscava na internet localizar o local adequado para transportá-lo. Não havia nada por perto. O tempo passou e eu observava sua respiração ofegante. Coloquei-o sob o sol que entrava pela janela do terraço.

Então, ouvi um pio tímido, que naquela hora era um sinal de vida. Aproximei-me e o pássaro assustou-se, assim como também eu. De repente, ele pulou daquele ninho de pano improvisado e tentou voar, fracassando. Aos pulos rápidos e curtos desfilou pelo terraço, entrou na sala e parou em um canto, chacoalhando as penas freneticamente. Observei atento, sem intervir. Passou um tempo e ele, desajeitado, esboçou um voo sem rumo pela sala. Pousou na mesa e ali ficou, como se estivesse me fitando. Depois, pulou para o encosto de uma cadeira e dali para o sofá em que eu estava sentado. Sem cerimônia, veio para mais perto, encostou-se em mim e fechou os olhos como se dormisse. E assim ficamos por um tempo. Ousei fazer um carinho em sua cabeça e suas penas se arrepiaram sem que abrisse os olhos. Com cautela, coloquei-o no colo e o acariciei. Ele parecia dormir.

Tempos depois, sem nada a oferecer além de miolo de pão com leite e mel, que ele simplesmente ignorou, o pássaro voou pela sala enquanto piava. Acreditando que ele já estava recuperado, tentei conduzi-lo por sinais até a janela, mas não nos entendemos adequadamente quanto a esse propósito. Após várias tentativas, ele pousou sobre o beiral da janela, pronto para partir, e ali ficou. Não quis assustá-lo forçando seu voo e me pus a esperar sua decisão. Quando finalmente achei que partiria, pelo seu movimento, ele voltou. Voou pela sala e, novamente, pousou no sofá. Eu o observei sem me mexer. Então, de repente, alçou voo e se foi pela janela aberta.

Horas passaram e, ao final do dia, ele entrou pela janela e pousou no sofá, onde passou a noite. Claro, deixou suas marcas no chão da sala. Pela manhã se foi. Nunca mais o vi. Em mim apenas a certeza de que ele era livre para ir onde desejava ir. Ainda espero que venha pela manhã, enquanto ouço o Bolero, de Ravel, ou ao anoitecer, para um carinho e uma pousada, ao som de um bolero qualquer. A verdadeira relação não é aquela impositiva e formal, mas aquela em que ambos são livres para escolher.

É COMO É

Minha mãe não é uma intelectual formal, mas possui, do alto de seus 89 anos, uma incomum sabedoria. Em nossas conversas, ela me coloca realidades nas quais insisti em construir fantasias infantis. De forma sutil, explicita sarcasmos certeiros sobre meu imaginário, desviando comentários de duplos sentidos que me chamam à reflexão. Suponho que talvez aí resida meu próprio jeito de enfrentar o concreto, de não submissão às aparências fenomênicas, de enfrentar esta cruel condição de ir além das aparências. Mas também admito que ela mesma cultiva fantasias onde só vejo projeções imperfeitas. Assim, ela é, igualmente e a seu modo, uma expressão da dialética grega a exigir superações onde se encontram teses.

Seu jeito simples e direto de interpretar a vida, apenas disfarça uma condição especial de trafegar pelas contradições, à sua maneira, sem metodologia convencional, mas com igual efetividade. Logo eu, tão empenhado em superar o imediato sensível, encontro nela o tensionamento, sem maiores sutilezas, das aparências, sempre que ela observa que o que parece ser não é exatamente o que é. Não há sintomas formalistas de métodos, ontologias ou epistemologias, mas, de fato, é exatamente tudo o que há.

O doutorismo que circunscreve meus pensamentos é nada diante de uma elaboração tomada de concretude que a vida mesma contempla. A seu modo, expresso na simplicidade, ela me faz compreender que viver exige uma permanente humildade para reconhecer a prepotência do intelectualismo diante do concreto. Em sua simplicidade concreta, o que é, é como é.

Pois bem, um belo dia, ela manifestou seu inconformismo com a grafia de seu nome na Carteira de Identidade. "Meu nome não é com y, mas com i. Está assim na minha Certidão de Nascimento.

Não sei o motivo de terem mudado e eu vou até lá, no Instituto de Identificação arrumar isso", disse ela decidida.

De posse sua Certidão de Nascimento, cujas letras estavam um tanto apagadas pelo tempo, ela foi fazer a alteração da Carteira de Identidade. Lá chegando, foi atendida por uma moça muito simpática. Deu-se, então, o seguinte diálogo:

– "O nome do seu pai era Waldemiro ou Waldomiro?", perguntou a moça.

– "Não sei", respondeu minha mãe.

– "Como a senhora o chamava?", insistiu a moça.

– "De pai", respondeu.

Assim é, como sempre foi.

A TOCHA

Um imenso aparato policial. Viaturas, helicópteros, barreiras, trânsito fechado. Policiais militares fardados, guarda municipal, sirenes. Nunca nesse País os caminhos selecionados de Curitiba foram tão bem protegidos. Afinal, a cidade estava recebendo nada mais, nada menos, que A Tocha. Assim mesmo. Separado: A Tocha.

Parecia um desfile de Sete de Setembro. O maior evento de todos os tempos não é a segurança pública, o atendimento à saúde (de doentes que imaginam doenças, segundo certa "autoridade"), a qualidade da educação, o sistema de mobilidade urbana, o combate a todos os tipos de violência, a exploração do trabalho. Não. É A Tocha.

O Tour da Tocha com seu inédito sistema que não faz a menor diferença na vida real da sociedade. Com ampla cobertura da mídia, pois em um País economicamente estável, politicamente equilibrado, socialmente desenvolvido e culturalmente valorizado, nada como A Tocha.

Tudo a favor do esporte.

Mas quando A Tocha atravanca, entope, entala, com tanto aparato de proteção, em nome do BusinessTorch, enquanto a população marcha em "indecisos cordões" sem dar a mínima atenção ao desfile, é que há algo de suspeito no que deve ser prioridade. Se fosse uma histórica relíquia, a comemorar a famosa Olimpíada Grega, ainda vá lá, mas é um reles artefato. Enquanto isso, no resto da cidade, segue a violência seu curso com os cidadãos engalfinhados em suas amadoras disputas diárias na Olimpíada da Sobrevivência. Sem patrocínio, é claro!

FANTASMAS OBSCURANTISTAS

Era uma pequena cidade, de seus 20 mil habitantes. Nela se desenvolveu o hábito de rito sumaríssimo em juízos de valor, em uma apologia ao princípio do dualismo maniqueísta percorrendo a divisão clássica. Sem estranhamento, a ordem do discurso comandava o espetáculo, conduzido por folhetins muito suspeitos.

No antro da representação, formado pela pior espécie de achacadores públicos, notórios foras da lei usavam uniformes de xerife, exibindo um símbolo de latrina na lapela, que indicava a relação de pertença. Eles manobravam cada pedaço de terreno, faziam planos escusos, sob o beneplácito da instância do juízo. Assim, circulavam como vampiros sugando a energia vital daqueles que produziam a real riqueza, confiando na inesgotabilidade dos bancos de sangue.

A corja de gravatas, ternos alinhados, vestidos de grife, empinava a derradeira profusão de violência ética, comemorando seus resultados em festinhas de debutantes. A cidade, paralisada, defrontava-se pelas ruas e vielas a reclamar por justiça, que era algo inexistente no cardápio dos golpes temerosos, cunhados no submundo do crime. Justiça de bandido é um *vade mecum* só acessível aos próprios, que orienta exatamente como entregar às raposas selvagens o comando do galinheiro. E todo o julgamento, conduzindo uns e outros, grassava solto segundo o simbolismo da quadrilha.

Heróis seletivos, bandidos contumazes, manipuladores midiáticos, facínoras associados, usurpadores de plantão, fascistas saudosos, todos frequentavam o mesmo salão de festas do palacete sob o angelical bordão de que lugar de bandido é na cadeia (concepção essa muito flexível para a elite do lugar). A cidade agonizava a olhos vistos "sem perceber que era subtraída em tenebrosas transações".

E bem ali, onde prosperava o crime com punições seletivas, também se apresentava a condição de definir o quanto aquilo que é transitório pode ou não ser permanente. Esta era e continua sendo a escolha que a cidade deveria e ainda deve fazer a partir da iluminação das ruas, porque fantasmas obscurantistas não suportam a luz do esclarecimento emancipatório.

TORRESMO DE BARRIGA

Estava no Mercado Central de Belo Horizonte, na Choperia Bom Grill, tomando uma Original e comendo torresmo de barriga. Quem conhece sabe que ali, quando está folgado, tem uma pessoa por metro quadrado.

Pois bem, na mesinha da frente, uma senhora, tipo blond salão, com algumas joias (ou bijus?), palitava ostensivamente os dentes e colocava o palito usado enfiado na carne que estava no prato, dividido com mais duas mulheres. Nojento? *Not yet.*

De repente, ela resolve fazer uma faxina no nariz, arremessando o lixinho em minha direção: felizmente, para o chão. A conversa rola solta entre elas, quando a blond lady pega o guardanapo e esfrega nos dentes frontais e laterais como se fosse uma escova: na horizontal e na vertical. E a festa assim prosseguiu, moto contínuo.

Porém, não posso contar como prosseguiu, porque só a amostra já me indicou, com 99% de confiança, para onde iria o desempenho posterior, o qual, certamente, não merecia minha atenção, por mais que a proximidade fosse um fator inevitável. Nojento e desrespeitoso?

Talvez seja o caso de relativizar, pois, convenhamos, quão nojento e desrespeitoso pode ser isso em um País em que os Poderes constituídos nem são higiênicos e nem respeitosos com seus cidadãos? Afinal, é só um nariz e alguns dentes!!!

A IDOLATRIA

A idolatria é uma doença social originada na ignorância. Seus efeitos colaterais, que se sustentam no endeusamento de um personagem idealizado, portador do poder mágico do moralismo, escorregam com extrema facilidade para o autoritarismo mitificado. O mito herói, alçado ao pedestal da fama, não tem outro projeto que não seja inflar seu próprio Ego e para tal não terá qualquer pudor em se aliar a quem quer que seja, mesmo ao pior da condição humana, desde que sua fama ganhe destaque.

Porém, preenchido desse narcisismo, o mito herói vai obnubilando sua própria condição e não percebe que é apenas um personagem útil no jogo em que acredita ser protagonista. O mito acredita ser portador de novos tempos, mas é apenas o símbolo de um projeto retrógrado que o transcende. O mito não é um ingênuo enrustido em seu *self*, mas um cúmplice do papel que representa enquanto o representa. No tempo em que o mito reproduz seu script, seu lugar no pedestal é garantido, mas tão logo os interesses que dele se valem se tornarem efetivos, ele mesmo se torna inútil. Assim, quanto mais provinciano é o mito, mais útil será para os artífices do projeto de poder.

A fantasia do mito, seu narcisismo onipotente, então, transforma-se no mito da fantasia do moralismo que este reflete e sua figura torna-se meramente fantasmagórica. Sua máscara de Zorro e suas flechas de Robin Hood nem mesmo serão lendas de contos infantis. O que hoje é nascimento, amanhã será enterro, o que é luz, será penumbra, o que é palanque, será cadafalso. O jogo do poder é bem mais complexo que aquilo que é imediatamente visível. Mas o mito inebriado só vai saber disso quando cair do pedestal e quando seu lugar for preenchido por outro mito mais conveniente a quem idolatrar. Não importa quem é o ídolo, mas o processo de idolatria, pois esta é exatamente uma doença social originada na ignorância de que o poder necessita para continuar sendo poder.

O mito apresenta-se em sua onipotência, crendo que é o que parece ser. De seu lugar emana a execração, da qual será prisioneiro. Seus seguidores erguerão cartazes sobre suas virtudes e seus admiradores dirão loas a seu respeito.

Mas a história mostra à exaustão que o que foi idolatrado será enterrado em cova rasa. Assim, quem julga será julgado, não pelo que fez, mas por como fez aquilo que fez. Um dia é do caçador, outro da caça. Sempre há o que revolucionar. Talvez seja tenso viver as contradições dialéticas, mas a síntese se impõe em sua materialidade concreta. Como disse Bertold Brecht, "o que é, exatamente por ser como é, não vai ficar tal como está".

PRINCIPADO

Era uma vez um Principado não muito distante em que o Príncipe cavalgava à vontade por todos os rincões, que julgava seu por direito divino, derramando discursos viciados. Os bispos o saudavam, as elites dos burgos o achavam maravilhoso, alguns aldeões o consideravam um exemplo de reserva moral e os pregadores de cartazes só tinham elogios.

Todos os dias, o Príncipe colocava sua veste azul do tipo usado na ABL, ornada com uma elegante máscara amarela de Pierrô Suíço, e saía com sua espada verbal, pronta para ser desembainhada e cortar pescoços que sustentavam cabeças pensantes de qualquer robinhude mequetrefe que oferecesse perigo ao seu Ego (que, aliás, é um Hiper Ego).

Até que num belo dia de primavera uma antiga cortesã, em parceria com Merlin, o Mago especializado em coelhos, lançou uma mandinga africana poderosa, como tudo que é africano. E a máscara caiu, bem como as calças.

As panelas do Principado momentaneamente calaram. Cornetas entupidas silenciaram. Catapultas foram recolhidas para manutenção. Vassouras apressadas jogavam o lixo principal para debaixo dos tapetes principescos.

O Príncipe, mais do que depressa, na tentativa desesperada de salvar a imagem ética da latrina, desembainhou sua espada verbal e rodopiou pelos campos a caçar gambás, cobras e lagartos em conluio com pescadores de moluscos, em uma autêntica Interdisciplinaridade sociológica. Aldeões aflitos, bispos "de olhos vermelhos", pregadores e prefeitos "de joelhos", rebentos arrependidos e aves de rapina de vistosas plumagens sem rumo, todos surpresos com a nudez do Príncipe e com a ferrugem hipócrita de sua espada, buscavam sórdidas explicações.

A voz oficial, que era a Voz do Dono da Voz, tocou uma marchinha anti-réquiem e todos os defuntos se levantaram das sepulturas para proteger o Príncipe. As costureiras se mobilizaram na confecção de calças e máscaras que, enfim, foram estrategicamente distribuídas.

Assim se fez a ode com "as armas e os barões assinalados" da oriental praia paulistana, "por mares nunca de antes navegados", "em perigos e guerras esforçados, mais do que prometia a força humana, e entre gente remota edificaram Novo Reino, que tanto sublimaram". Era preciso salvar "também as memórias gloriosas daqueles Reis, que foram dilatando a Fé, o Império, e as terras viciosas": o Principado da Hipocrisia.

Porém, com o fim do horário de verão, tudo tende a sumir com a mesma força de uma lavagem à jato de mangueira carnavalesca, inclusive a mandinga da cortesã. E o Príncipe poderá, enfim, sair por aí e voltar a fazer o que sempre fez: usar máscaras e pantalonas e bradar de espada na mão seu velho discurso pretensamente acadêmico em busca dos aplausos da plebe ignara.

No final, todos irão se reconciliar no escuro, onde, como se sabe, os gatos são pardos.

OS SETE PECADOS CAPITAIS DA ACADEMIA

Quer ser um pesquisador "reconhecido" pelas agências oficiais? Existem muitos erros que você pode cometer, mas sete são os pecados capitais. Aqui vão eles.

1. Invista seu capital social no pertencimento dos grupos ou redes que decidem. Isso é mais relevante que seu desempenho. Convide as pessoas influentes para bancas, palestras, parcerias e você terá suas chances consideravelmente aumentadas.

2. Não seja criativo e original, propondo novas teorias, metodologias, epistemologias ou concepções. Faça exatamente o que todos fazem. Os dominantes têm imensa simpatia pelos seus iguais.

3. Esqueça completamente o resultado ou impacto social de suas pesquisas. Faça apenas o que agrada ao *main stream* dominante, preferencialmente utilizando métodos quantitativos. Os juízes acadêmicos não estão interessados na repercussão social de sua pesquisa e, honestamente, nem sabem o que isso significa.

3. Desista de qualquer perspectiva crítica consistente, especialmente as que se referem ao sistema de capital. Lembre-se que os que estão no sistema são os que concordam com sua ideologia e fazem de tudo para reproduzi-la. As exceções são exatamente exceções.

4. Publique em periódicos A1 (dê preferência aos em língua inglesa) mesmo que tenha que pagar por isso, sem se preocupar com a qualidade do seu artigo. O que importa não é o que você faz, mas onde publica. Não se incomode se quase ninguém conhece ou consulte o periódico, mesmo na academia. Vale a base (privada) em que este está indexado.

5. Faça seus alunos produzirem artigos ao final de sua disciplina e seja coautor, ainda que sejam assuntos e temas multifacetados. Quantidade também vale. Pesquisadores reconhecidos tratam alunos como devedores de seu esplendor e induzem estes alunos a acreditarem que publicar com gente tão nobre é entrar no paraíso.

6. Se você pretende ser um outsider, autônomo e independente, não perca seu tempo submetendo projetos para avaliação. O Comitê se interessa pelos parceiros do feudo. Se você não é do feudo e quer ser um pesquisador reconhecido, precisa seguir as regras feudais para ser aceito na confraria.

7. Cumpra todas as regrinhas, mesmo que tenha pouco a dizer. Seguir a cartilha é fundamental. Faça citações de textos recentes, mesmo que sejam lixos, sem esquecer de citar textos dos avaliadores de plantão. Não esqueça que os pesquisadores reconhecidos têm um ego incomensurável: alimente-o.

ANDARILHO

E lá seguia o andarilho da vida, em seu caminhar solitário, indo de nenhum lugar para lugar nenhum. Carregava consigo passos ritmados, que com o tempo se tornavam cada vez mais lentos. Paisagens repetidas, velhos trajetos, sem início e sem final. Tímidas experiências que se acumularam com os anos. A expressão sofrida o fazia mais idoso do que era. Uma cachorra branca com manchas cor de canela, magra e aparentemente esperta, fazia-lhe companhia. Ele dizia coisas ininteligíveis, mas ela parecia entender, pois parava por momentos e o olhava fixamente. Quantas histórias contadas sem registro! Nas ruas, pessoas alegres vestindo branco faziam contagem regressiva para estourar os frisantes e apreciar os fogos de artifício. No ar aquela esperança desejante de que tudo será melhor. O andarilho da vida seguiu seu curso na direção oposta. Aquela alegria não lhe pertencia. De repente, alguém que passava lhe desejou "boas entradas" e ele sorriu com os poucos dentes à mostra, apenas abanando um sim com o movimento de cabeça. Quais esperanças se colocavam no seu roteiro incerto e indefinido, senão o seguir andando para lugar nenhum? Talvez a esperança de algum lugar! Risos, fogos riscando o céu noturno, cantorias, bebidas, carros de som espalhando aqueles cafonas estilos musicais tão ao gosto da alienação. Pessoas se abraçando em uma folia que parecia superficial, outras concentradas em rezas, pedidos e oferendas. A autenticidade do andarilho da vida se perdia para longe do movimento, carregada de fome, enquanto o cheiro das ceias invadia o ar se misturando ao das pólvoras dos fogos de artifício. A passos lentos, o andarilho da vida sumiu na distância com sua companheira fiel, sendo solenemente ignorado, como são os andarilhos da vida, os marginalizados sociais, os excluídos, aqueles para quem a passagem do velho ao novo significa apenas a permanência do que sempre foi.

No fundo, de algum modo, todos somos andarilhos. Alguns sabem de onde vêm e para onde vão. Outros sequer sabem onde e porque estão. Uns, agarrados na superficialidade das relações; outros, na autenticidade do que realmente são. Uns, condenados à pobreza social, outros, à pobreza emocional. Uns, com uma companhia fiel, outros, com a companhia dos interesses. Uns, fazendo promessas para escapar do inferno, outros, vivendo nele. Uns envelhecendo em passos ritmados, outros, que já nasceram velhos. Uns, andarilhos que as condições sociais impõem, outros, andarilhos de si mesmos. Os fogos cessaram. A festa acabou. Milhares de andarilhos, vestidos de branco, voltaram para o lugar de onde vieram, carregando nas mochilas a única coisa que sobrou: nada além do que as dúvidas sobre o vir-a-ser. Já longe, estava o andarilho da vida, o único que tinha em si e para si a certeza do absoluto histórico.

PIRATAS DO CARIBE

O palácio está desmoronando tal e qual uma piada pronta, de mau gosto. O rei e os príncipes, o vice-rei, os duques e as duquesas, os marqueses e as marquesas, os condes e as condessas, os viscondes e as viscondessas, os barões e as baronesas e, obviamente, as eminências pardas, não apenas não se entendem, como não são partidários da fidalguia e da lealdade: cada um, representando interesses específicos, disputa egoicamente, na fogueira das vaidades, o centralismo do reino.

O reino não é somente uma fatal desorganização, mas a materialização da incompetência generalizada. Nem o sistema feudal confia no reinado, dados seus artifícios, suas falcatruas, suas mentiras, seus ridículos estratagemas e seus argumentos infundados.

Ainda que alguns fiéis plebeus, alheios às relações internas do reino, sigam aplaudindo e justificando o desfile de mediocridades (com suas pompas e circunstâncias), a credibilidade, desde antes duvidosa, afunda no mar de lamas.

Nos bastidores, ao mesmo tempo em que Cavaleiros Templários, reunidos em assembleia do reino, agitam-se para guardar, preservar e esconder a arca da eterna aliança política, Piratas do Caribe pilham os camponeses, e escribas oportunistas reescrevem os códigos. Tudo em nome do projeto de poder que precisa ser garantido a qualquer custo.

Do mesmo modo que alguns dizem, por fé, "vida longa ao rei", outros próximos desejam ver de perto o rato roer a roupa do rei para proclamar que ele está nu.

Nos bastidores, preenchidos de desacertos e conflitos, pretensos sucessores e seus vassalos, visando garantir seus lugares ao lado do trono, cogitam outra existência para o monarca, pois não lhes restam dúvidas de que o problema do reino não está nos príncipes, nem nos barões assinalados desta ocidental praia lusitana e nem no cocheiro, mas no próprio rei.

Enquanto o palácio se desmorona em suas confusões intestinais, na vida concreta os explorados camponeses, alvos principais dos destemperos do reino, seguem trabalhando sob sol e chuva, calor e frio, na lide diária responsável pela produção da riqueza sem a qual a nobreza, objetivamente, não teria como existir.

JOGO DE FRASES

Era um dia frio e chuvoso. Nada para fazer. Alguém sugeriu um Jogo de Frases, em que cada um deveria escrever uma ou mais frases em uma folha de papel, desde que começasse com a letra A. Não era uma competição. Apenas criatividade. O resultado?

i. A aparência da coisa não é outra coisa senão a própria aparência da coisa.

ii. A condição de perdoar condiciona a qualidade de vida.

iii. A diferença entre o relaxamento e o baixo astral é que no primeiro caso a gente não tem vontade de fazer nada e no segundo a gente tem uma não vontade de fazer qualquer coisa.

iv. A expectativa do sofrimento dói tal como, ou mais do que, o próprio sofrimento.

v. A gente às vezes se relaciona não com a realidade, mas com a ilusão criada a partir dela e da expectativa de obtê-la.

vi. A gente desenvolve, com o tempo, um jeito manso e concentrado da fazer as coisas de forma silenciosa.

vii. A gente é e está no mundo, nunca socialmente só, mas muitas vezes em uma solidão amorosa.

viii. A gramática da paixão que surpreende o que é desejo e nele se realiza é o preenchimento do vazio que toma conta exatamente do fato de que este desejo do desejo do real se realize.

ix. A história nos mostra que aqueles que não têm projetos precisam sempre eleger um culpado em quem depositam sua própria estupidez política.

x. A ideia de que cada um resolve seus problemas consigo mesmo para preservar a relação, só a deteriora.

xi. A internet, por mais real que seja, só permite uma relação na nuvem.

xii. A morte do outro é também um pouco da nossa.

xiii. A quantidade de expectativas que criamos sobre o outro e sobre o que achamos que o outro tem sobre nós, resulta em uma relação entre expectativas que apenas alimenta as fantasias de ambos.

xiv. A saudade do que não aconteceu é ao mesmo tempo a dor da concreticidade pela falta do que poderia ter sido e da possibilidade de que ainda venha a ser, por mais que não exatamente da mesma forma.

xv. A vida tem muitas portas, que se fecham e se abrem. Escolher portas abertas não significa que não existam outras tantas fechadas. Também não significa que portas fechadas não possam ser abertas e que portas abertas não possam se fechar.

xvi. A vingança sempre persegue o coração do vingador.

xvii. Absolutamente nada ultrapassa a porta que se fecha na intimidade. Nem mesmo a própria intimidade.

xviii. Acredito que a maturidade de uma relação depende da nossa condição de ouvir o coração um do outro.

xix. Alternância de poder é uma expressão cujo conceito pode significar tanta coisa que ao final pode não significar nada.

xx. Amor é aquele estranho lugar onde mora a ilusão entre o que se tem e o que se acredita que deveria ter.

xxi. Ando colocando um pé diante do outro, trocando alternadamente.

xxii. As coisas arrepiantes podem ser deliciosas.

xxiii. As coisas que temos dentro de nós o tempo as aprimoram ou deterioram, em qualquer caso elas são nossas coisas.

xxiv. As pedras do caminho me amam tanto que não querem me deixar.

xxv. As pessoas, quando me encontram, parecem que querem me ouvir, ignorando que eu quero ouvi-las.

xxvi. Acontecem situações em que a gente não sabe bem o que dizer, mas sabe exatamente que é muito feliz em sentir.

xxvii. Às vezes ficamos tão encantados com a forma que não prestamos atenção ao conteúdo.